EXTRAIT DU TOME Ier DES ANNALES DU PALAIS

(L'OBSERVATEUR DES TRIBUNAUX).

Justice criminelle.

PLAINTE EN DIFFAMATION

PAR

UN DÉPUTÉ CONTRE UN ÉLECTEUR.

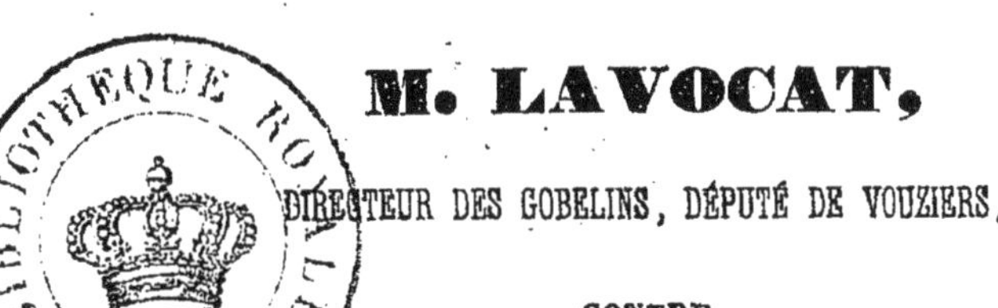

M. LAVOCAT,

DIRECTEUR DES GOBELINS, DÉPUTÉ DE VOUZIERS,

CONTRE

M. ERNEST DE BOULLENOIS.

PARIS,

AU BUREAU DES ANNALES DU PALAIS

(l'Observateur des tribunaux),

BOULEVART POISSONNIÈRE, 12.

1847

JUSTICE CRIMINELLE.

PLAINTE EN DIFFAMATION PAR UN DÉPUTÉ CONTRE UN ÉLECTEUR.

M. Lavocat, directeur des Gobelins, *député de Vouziers,*

Contre M. Ernest de Boullenois.

RÉFLEXIONS PRÉLIMINAIRES.

Les procès en diffamation figurent bien rarement dans notre recueil. Quelles que soient l'ardeur et la vive curiosité que puissent exciter de tels débats, leur caractère est essentiellement personnel, et il est rare qu'ils comportent un genre d'intérêt digne de survivre à leur actualité. Pour échapper à ce destin éphémère, il faut ou qu'ils mettent en scène soit des personnages, soit des faits d'une portée vraiment historique, ou qu'ils se rattachent à l'exercice de ces droits politiques bases de nos libertés les plus précieuses, et pour lesquels le jury seul, car il n'y a pas de jurisprudence qui ne fût dangereuse en pareille matière, peut, selon les circonstances, marquer la limite entre l'usage et l'abus.

Deux faits principaux, sur lesquels s'est concentré tout le débat devant la Cour d'assises des Ardennes, impriment un caractère marqué d'intérêt public au procès qui nous occupe.

Le premier de ces faits complète, par des éclaircissements qui avaient manqué à la discussion judiciaire, un des épisodes les plus graves qu'ait offerts, à notre époque, l'histoire de l'édilité parisienne. Nous n'en retracerons pas ici l'importance, puisque le procès Hourdequin fait partie de notre recueil; il nous suffit de renvoyer au tome qui le renferme (1).

(1) Voyez tome XII de la 2e série.

Le second fait offrira un intérêt d'autant plus nouveau pour nos lecteurs, qu'il remet en évidence le plus dramatique des procès jugés par la Cour des pairs, et l'on sait que nous avons laissé jusqu'à ce jour en dehors de notre cadre les monuments de cette haute juridiction exceptionnelle (1).

Ce sont les énonciations sur le fait par lequel le nom de M. Lavocat se rattache à la procédure de l'affaire Fieschi, et les réflexions dont ce fait est l'objet dans la brochure incriminée, qui constituent la phase du procès la plus importante et qui ont fourni à la discussion la matière d'une thèse morale éloquemment débattue dans les plaidoiries des deux avocats, Me Léon Duval et Me Jules Favre.

Un incident a écarté du débat le troisième chef de l'articulation du prévenu, par lequel celui-ci imputait au plaignant l'abus que ce dernier aurait fait à son profit de sa position de conseiller municipal. La Cour, malgré les conclusions de M. de Boullenois et le consentement de M. Lavocat à ce que tous les témoins fussent admis, a décidé que ces témoins ne seraient pas entendus, parce que les dépositions ne pouvaient avoir lieu que sur les faits retenus par l'arrêt de renvoi. Nous remarquons d'autant plus cet incident, qu'il rappelle un procès célèbre il y a quelques années, celui de l'ancien Préfet de police, M. Gisquet. M. Plougoulm, avocat général, ne fit point de réquisitions pour que le débat fût restreint. Il n'y eut non plus aucune opposition de la part de M. Gisquet. En cet état

(1) L'attentat de Fieschi est du 28 juillet 1835. L'instruction dura quatre mois. Les débats commencèrent le 30 janvier suivant. La condamnation fut prononcée le 15 février, à dix heures et demie du soir, et l'exécution des trois condamnés eut lieu le 19 du même mois, à huit heures du matin. — Fieschi avait 40 ans, Pépin 35 ans, et Morey 61 ans. — Les défenseurs furent Me Parquin, bâtonnier, Me Chaix-d'Est-Ange, et Me Patorni pour Fieschi; Me Philippe Dupin et Marie pour Pépin, Me Dupont pour Morey. L'accusation fut soutenue par M. Martin du Nord, procureur général, et M. Frank-Carré, avocat général.

de choses, M. le conseiller Férey, qui présidait, laissa toute latitude à la défense, et c'est de là que sortit l'exploration inattendue d'une foule d'actes ignorés de l'administration de l'ex-Préfet de police de Paris. Les droits et les devoirs des magistrats et des parties sur un tel sujet méritent d'exciter la sollicitude publique.

Le procès de la Cour d'assises *des Ardennes* comporte donc ce genre d'intérêt élevé qui s'attache de plus en plus à toute lutte du député contre l'électeur et de l'électeur contre le député, à une époque où le mandat de représentant confère une part de souveraineté si réelle, directe et de l'essence même de la constitution dans le pouvoir législatif : indirecte, mais non moins sérieuse dans les attributs du pouvoir exécutif; à une époque aussi où l'appel au forum avant le jour des suffrages tend à acquérir une si grande influence dans nos mœurs électorales et où la maison de verre du philosophe de l'antiquité ne semble plus être une vaine métaphore pour les candidats.

EUGÈNE ROCH.

I. — PHYSIONOMIE DE L'AUDIENCE.

Cour d'assises des Ardennes (Mézières). — Présidence de M. Huot, conseiller à la Cour royale de Metz.

AUDIENCE DU 16 JANVIER 1847.

Jamais nous n'avons vu d'exemple, soit à Paris, soit dans les départements, d'une si avide curiosité, d'un tel empressement. Depuis plusieurs jours des étrangers remplissent la petite ville de Mézières, qui n'est, à vrai dire, qu'une forteresse assise sur un rocher, et renfermant une ou deux places et cinq ou six rues dans son étroite enceinte. Un grand nombre de voyageurs se sont réfugiés à Charleville, belle et régulière cité, dans laquelle on retrouve une sorte de spécicimen de l'art à la fin du 16e siècle, séparée, comme on sait, du chef-lieu du département par la Meuse. Cette rivière baigne les remparts de Mézières, et on y traverse ses divers bras sur trois ponts de pierre. Le tribunal civil de l'arrondissement siége à Charleville; mais c'est à Mézières que se tient, tous les trois mois, la session des assises.

On ne peut se faire une idée de l'émotion extrême que l'annonce seule de ce procès a excitée dans le département des Ardennes. Mézières, où vit encore la mémoire du chevalier sans peur et sans reproche, a pris un air de mouvement et presque de fête tout à fait inaccoutumé. Dans ses rues sombres et étroites, qui offrent en certaines parties de curieux vestiges des constructions du moyen âge, on voit se presser dès la veille, au lieu de soldats oisifs ou de bourgeois attardés, une foule accourue de tous les coins du département, impatiente des débats qui vont s'ouvrir. Tous vont en pèlerinage à l'église contempler la bombe suspendue à la voûte, souvenir de l'invasion de 1815 et d'une héroïque résistance.

Toutes les auberges sont pleines; l'unique hôtellerie de Mézières, l'hôtel du Palais-Royal, a été en quelque sorte emportée d'assaut. Le plaignant et le prévenu, ainsi que leurs avocats, y ont pris leur logement. Le maître de cet hôtel est obligé de mettre à chaque instant en réquisition la bourgeoisie de la ville, et de donner des billets de logement à ses habitués. M. le procureur général est descendu à la préfecture; les magistrats et notables de Sedan, Rethel, Vouziers, Rocroy, ont aussi reçu l'hospitalité chez d'autres fonctionnaires et citoyens de la ville.

M. le conseiller *Huot*, qui préside les assises avec beaucoup de distinction et de bienveillance, et M. *Tirman*, président du tribunal de Charleville, se sont occupés pendant toute la journée de vendredi de la distribution intérieure des places; ils ont dû refuser des billets à beaucoup de personnes accourues trop tard des villes avoisinantes.

Veut-on se rendre compte de ce que peuvent les passions

politiques mêlées aux passions des petites villes, il faut qu'on sache que le samedi, 16 janvier, dans une nuit sombre et par un froid de 9 degrés, un froid des Ardennes! un flot de curieux et de curieuses assiége les portes de l'audience dès cinq heures du matin. Les habitants de Paris, distraits par des accidents de toute sorte, n'ont plus l'idée de cette curiosité âpre et indomptable de l'habitant des départements.

A huit heures, la salle est complétement envahie. Nous remarquons la présence de M. Delon, préfet du département; de M. Cunin Gridaine, négociant à Sedan, fils du ministre du commerce; Vidal de Léry, maréchal de camp, commandant le département; le président du tribunal de Charleville, les présidents et autres magistrats de Charleville, Sedan, Vouziers et Rocroy; les sous-préfets de ces dernières villes; les maires de Mézières et Charleville, le curé de Mézières, etc., etc.

Une foule d'avocats en robe, représentant les divers barreaux des Ardennes, ont envahi jusqu'aux bancs des accusés.

La consigne relative à la tribune des dames a été scrupuleusement observée. Cinquante ou soixante dames en grande toilette remplissent cette tribune, et s'y placent par les soins de l'un des juges du tribunal.

L'audience était indiquée pour neuf heures précises. Grâce aux dispositions prises par M. le président et par M. le procureur général, tous les organes de la publicité ont eu des places commodes et réservées, au bas de l'estrade où s'élèvent les bureaux de la Cour.

A neuf heures et demie, l'audience est ouverte; le silence le plus profond s'établit aussitôt.

M. le procureur général Decoux, venu de Metz pour donner ses conclusions dans cette affaire, occupe le siége du ministère public en robe rouge garnie d'hermine; il est assisté de M. Marlier, procureur du roi à Charleville.

Quand M. Lavocat entré dans la salle avec Me Léon Duval, du barreau de Paris, son conseil, tous les regards se portent sur lui.

Une rumeur assez vive qui se manifeste au fond de l'auditoire annonce l'arrivée du prévenu, M. de Boullenois. Il prend place à côté de Me Jules Favre, du barreau de Paris, son défenseur.

II. PRÉLIMINAIRES DU PROCÈS.

Nous devons rapporter les diverses phases qu'a déjà parcourues ce procès, pour l'intelligence complète des débats qui vont s'ouvrir.

Lors des élections générales, au mois d'août dernier, M. Lavocat, député sortant, se représentait à Vouziers, en concurrence avec M. Ladoucette. Le premier jour, les deux concurrents eurent chacun 250 voix; le lendemain M. Lavocat fut élu. Cependant M. de Boullenois, électeur appartenant au collége de Vouziers, avait publié, quelques jours avant les élections, deux écrits que M. Lavocat a poursuivis comme contenant des diffamations sur sa vie privée et sa vie d'homme public. La plainte que M. Lavocat déposa au parquet du tribunal de Vouziers, reconnaissant comme fondée la doctrine qui veut que les attaques contre la vie privée soient déférées au jury, quand l'écrit incriminé contient d'ailleurs des agressions contre l'homme public, requit le renvoi de M. de Boullenois pardevant la Cour d'assises des Ardennes, pour que les unes et les autres fussent vidées par un verdict du jury. Dans cette plainte, M. Lavocat se constitua partie civile.

La chambre du conseil du tribunal de Vouziers renvoya M. de Boullenois pardevant la chambre des mises en accusation de la Cour royale de Metz, seulement sur les diffamations qui touchaient à la qualité de fonctionnaire public, sans s'expliquer sur celles qui incriminaient la vie privée, de telle sorte que celles-ci se trouvaient de fait couvertes par un non-lieu. Cette ordonnance a été attaquée par M. Lavocat et par M. le procureur général près la Cour royale de Metz : par M. Lavocat, parce qu'il entendait poursuivre pardevant le jury même les attaques dirigées contre sa vie privée; par M. le procureur général, parce que, le conseil général municipal du département de la Seine n'étant pas, selon lui, dépositaire de l'autorité publique, les faits imputés à M. Lavocat comme membre de ce conseil ne relevaient pas de la Cour d'assises. Par arrêt du 17 septembre 1846, la Cour royale de Metz a renvoyé M. de Boullenois pardevant la Cour d'assises des Ardennes, pour y être jugé tant sur les diffamations publiées contre M. Lavocat comme simple particulier, que sur celles ayant trait à son caractère de fonctionnaire public.

Sur le pourvoi en cassation formé par M. le procureur général près la Cour de Metz, la Cour suprême a jugé qu'il n'était pas nécessaire que le fonctionnaire fût dépositaire d'une portion de l'autorité publique, pour que les attaques dirigées contre lui fussent justiciables du jury; qu'il suffisait, dans les termes de la loi du 17 mai 1819, qu'*il eût agi dans un caractère public*, expressions dont la portée s'étend à ceux *qui ont agi par délégation du pouvoir électif*. En conséquence, la Cour d'assises des Ardennes s'est trouvée définitivement saisie du procès. M. de Boullenois a signifié en temps utile à M. Lavocat et a reproduit pardevant la Cour l'articulation des faits suivants :

Articulation.

« Le requérant articule et entend prouver devant la Cour d'assises :

» 1° Qu'il a été établi dans le procès Hourdequin que, pendant la délibération du conseil municipal de Paris, M. Lavocat, qui faisait alors partie de ce conseil, avait transmis à l'accusé Hourdequin des extraits des délibérations mêmes, par suite desquelles ce dernier organisait les moyens de fraude dont il se rendait coupable au préjudice de la ville de Paris;

» 2° Que, dans le procès Fieschi, M. Lavocat, en descendant lui-même dans la prison de ce criminel, a rempli, ainsi que cela est établi au rapport dressé par M. Portalis, le rôle d'agent révélateur;

» 3° Qu'à l'occasion de redressements de la canalisation de la Bièvre, rivière limitrophe d'une propriété, sise à Paris, appartenant à M. Lavocat, celui-ci, profitant de sa position de membre du conseil municipal de la Seine, s'est fait allouer une somme supérieure à celle de la concession par lui faite.

» Desquels faits le requérant fera la preuve, tant par la notoriété publique que par les témoins ci-après:

» 1° M. Maëz, sous-directeur de la compagnie d'assurance *la Fraternelle*, demeurant à Paris, rue d'Enfer, 89 *bis*;

» 2° M. Antoine Baubau, entrepreneur de travaux publics et propriétaire à Paris, rue de Ponthieu, 58;

» 3° M. Duval, inspecteur de l'assainissement de Paris, y demeurant, rue de Tournon, 23;

» 4° M. de Fourcy, ingénieur ordinaire du service municipal à Paris, y demeurant, rue de Tournon, 23;

» 5° M. François Tanneveau, propriétaire et entrepreneur de maçonnerie, demeurant à Passy, rue Basse, 52;

» 6° Et M. Pierre-Hippolyte Vitry, propriétaire et marchand de vins, porte-drapeau de la 12e légion de la garde nationale de la Seine, demeurant à la gare d'Ivry, 6, commune d'Ivry. »

Le tirage du jury a lieu en audience publique. La défense de M. de Boullenois épuise ses récusations au nombre de onze. M. le procureur général en fait neuf.

En réponse aux questions d'usage, le prévenu déclare qu'il se nomme Charles-Auguste-Ernest de Boullenois, âgé de 34 ans, propriétaire, né à Paris, y demeurant rue de Beaune, 4 *ter*.

Les jurés prêtent serment. M. le greffier Bourgerie donne lecture de l'arrêt de renvoi rendu par la Cour royale de Metz et de l'acte d'accusation dressé en conséquence de cet arrêt.

On fait retirer les témoins à charge et à décharge.

M. le Président. — M. de Boullenois, reconnaissez-vous que vous êtes l'auteur d'un écrit intitulé : *Aux électeurs de l'arrondissement de Vouziers sur la candidature de M. Lavocat?*

M. de Boullenois. — Oui, M. le Président.

M. le Président. — Reconnaissez-vous également que vous êtes l'auteur d'un second écrit, commençant par ces mots : *Mes chers concitoyens ?*

M. de Boullenois. — Oui, M. le Président.

D. Avez-vous des explications à donner? — *R.* Non, monsieur; je m'en réfère à ce que dira mon avocat.

M. le Président. — Nous allons entendre les témoins cités à votre requête.

III. — AUDITION DES TÉMOINS DU PRÉVENU.

Nicolas-Joseph Maës, sous-directeur de la compagnie d'assurance *la Fraternelle*.

D. Connaissez-vous M. de Boullenois? — *R.* Je ne l'ai jamais vu.

D. Veuillez dire ce que vous savez? — *R.* Relativement à quoi?

D. En ce qui concerne l'affaire Hourdequin. — *R.* Je n'en ai entendu parler que par ouï-dire.

Me Jules Favre. — A propos de différentes élections, M. Maës n'a-t-il pas entendu M. Lavocat mis en demeure de s'expliquer sur l'affaire Hourdequin? — *R.* Je sais que M.

Lavocat n'a pas été réélu par suite d'explications défavorables à sa candidature.

D. Était-ce sur l'affaire Hourdequin? — *R.* Non, monsieur. Voilà seize ans que je n'ai adressé la parole à M. Lavocat, et il m'est entièrement étranger.

Antoine Bauban, entrepreneur de travaux publics.

D. Connaissez-vous M. de Boullenois? — *R.* Non, monsieur.

D. Savez-vous quelque chose de l'affaire Hourdequin? — *R.* Rien absolument.

Me Jules Favre. — M. Bauban a-t-il été chargé de faire, à propos de la canalisation de la Bièvre, des travaux pour M. Lavocat?

M. le Président. — Mais ceci n'est pas compris dans les faits déférés au jury.

Me Jules Favre. — Je vous demande pardon. Nous prétendons que M. Lavocat a reçu des indemnités en nature et en argent.

Me Léon Duval. — On fait une confusion volontaire, on substitue une accusation à une autre; on parle de la canalisation de la Bièvre, et l'opération dont il est parlé dans le pamphlet est l'élargissement de la rue Saint-Hippolyte, où était située la tannerie de M. Lavocat. Les deux opérations sont séparées par dix ans. Au reste M. Lavocat ne s'oppose pas du tout à ce que le débat s'engage sur ce point.

Me Jules Favre. — La question de date est peu importante. La loi veut que nous soyons admis à prouver tous les faits connexes. Nous prétendons que M. Lavocat a imposé à la ville des conditions non prévues par les contrats.

M. le Président. — En ce moment, le débat est entre le défenseur et le président. Si je m'abuse sur la manière dont je limite le débat, Me Jules Favre voudra bien poser des conclusions. On ne peut prouver que les faits articulés compris dans l'arrêt de renvoi.

Me Jules Favre. — Le débat doit s'établir sur tous les faits déférés à la justice. Nous avons parlé de cession de terrain faite par M. Lavocat à la Ville.

Me Léon Duval. — Il s'agit de l'affaire Hourdequin, n'est-il pas vrai? Eh bien, lors du second fait, de la seconde anecdote, Hourdequin n'était plus dans les bureaux. Au reste, je le répète, je désire que le débat porte sur tous ces points.

M. le Président. Personne n'a le droit de consentir à ce que la loi soit violée. Si je me trompe sur la direction des débats, veuillez poser des conclusions.

Me Jules Favre. — Je respecte l'opinion de M. le président; mais ma position est ici celle du défenseur qui ne doit négliger aucun moyen pouvant servir à la justification de son client. Je vais poser des conclusions.

IV. — CONCLUSIONS SUR L'AUDITION DES TÉMOINS DU PRÉVENU.

Me Jules Favre pose des conclusions ainsi conçues :

« Attendu qu'en articulant que Lavocat aurait profité de sa position de membre du conseil municipal de Paris pour obtenir de la ville de Paris, par un contrat de cession de sa propriété sur la Bièvre, des conditions plus avantageuses que celles qu'il aurait obtenues comme simple particulier, M. de Boullenois a le droit, comme prévenu, de prouver la vérité des faits qu'il reproche à Lavocat, quelle que soit leur date;

» Attendu que les témoins sont appelés pour établir que Lavocat a fait exécuter et payer par la ville de Paris, en vertu d'un traité passé avec elle, des travaux qui lui ont profité exclusivement;

» Aux termes de la loi du 20 mai 1819, plaise à la Cour admettre lesdits témoins de la preuve. »

M. le Président. — Voulez-vous développer vos conclusions, Me Favre?

Me Jules Favre. — Je m'en réfère, quant à présent, à ce que j'ai dit à la Cour.

M. le Président. — La parole est à M. le Procureur général.

M. le Procureur général Decoux se lève et s'exprime ainsi :

« Les explications qui viennent d'avoir lieu ne laissent aucune équivoque possible sur la question de fait soumise à la Cour. Il est bien certain que le fait dont on demande à faire la preuve est un fait différent du fait contenu dans l'écrit incriminé ; ceci est clair comme le jour. Quel était le fait incriminé ? Pour en connaître la nature, la date, le jour, il suffit de lire l'écrit incriminé :

«.... M. Lavocat avait une tannerie dans le douzième ar-
» rondissement. Le terrain avait peu d'importance dans ce
» quartier. La ville de Paris fit reculer le mur des ateliers
» de cet établissement : je pourrais demander à M. Lavocat
» quelle somme il reçut pour indemnité. »

» Voilà le passage en question. Je crois qu'il n'est nullement besoin, ni pour vous, ni pour messieurs les jurés, de commenter ce passage.

» Vous y voyez une allégation nette, précise, s'appliquant au reculement d'un mur. A la vérité, dans cet écrit, on ne dit pas qu'il s'agisse de l'élargissement de la rue Saint-Hippolyte ou de la canalisation de la Bièvre ; mais la canalisation de la Bièvre a eu lieu douze ans plus tard, et la confusion n'est pas possible.

» Il y a une raison bien péremptoire de décider ainsi. Cette raison vient d'être donnée à l'instant :

« De quoi s'agit-il dans l'ensemble des écrits publiés par de Boullenois ? Qu'impute-t-il à M. Lavocat ? Une prétendue complicité avec Hourdequin dans les faits qui ont conduit ce dernier devant la Cour d'assises et l'ont fait condamner.

» Dans le premier écrit on avait dit à M. Lavocat : « Vous avez fait des communications coupables à Hourdequin ; vous avez été son complice. » Dans le second écrit on veut préciser, et l'on cite un exemple de cette prétendue complicité avec Hourdequin.

» Puis on ajoute : Hourdequin était alors au bureau de la » grande voirie. » On relie ainsi cette imputation à l'écrit de la veille. Eh bien! en 1842, Hourdequin avait cessé d'être au bureau de la grande voirie et d'appartenir à la préfecture de la Seine.

» Je crois donc qu'en fait aucun doute ne peut s'élever, et que bien évidemment l'audition du témoin serait en dehors de l'écrit incriminé et des termes de l'arrêt de renvoi.

» La difficulté consiste maintenant dans l'appréciation de la question de principe.

» Nous devons le dire : tous, magistrats, président de la Cour d'assises, ministère public, nous éprouvons un certain embarras. M. Lavocat, placé en face d'imputations qui touchent à son honneur, comprend très bien que, devant le public qui assiste à ces débats, et devant le public plus nombreux encore qui les lira quand ils auront été publiés, on tirerait de son silence des interprétations funestes. S'il ne répondait pas, il pourrait donner à ses ennemis (et je crois être autorisé à dire qu'il en a) le droit de publier qu'il n'a pas permis à la vérité de se faire jour. Alors M. Lavocat obéit à un sentiment généreux ; il dit : « L'audition des témoins sur des » faits nouveaux n'est pas légale ; mais j'accepte le débat sur » tous les points, je l'élargis autant qu'il vous sera agréable » de le faire. Prenez ma vie tout entière. » Nous comprenons cette honorable susceptibilité de la part de M. Lavocat.

» Mais ici se présente une grande question.

» Lorsqu'un fonctionnaire public a été l'objet d'une diffamation, à raison de laquelle il a traduit le diffamateur devant le jury, les principes qui gouvernent la poursuite et l'instruction sont-ils des principes d'un ordre secondaire et limité? Est il vrai que le fonctionnaire soit dans une telle situation, dans une telle indépendance, dans une telle liberté vis-à-vis de la puissance publique, qu'il lui appartienne d'affranchir son adversaire et de s'affranchir lui-même des règles tracées par la loi, et de livrer à des regards indiscrets sa vie entière ?

» Les prohibitions dans ce cas ne sont-elles point des prohibitions d'ordre public ?

» Est-ce dans le système de protection dont la loi couvre tous les citoyens que le fonctionnaire doit chercher la règle de sa conduite? ou bien est-ce dans un système de protection que la puissance publique a organisé, pour des hommes qui lui appartiennent par des liens étroits et intimes, par l'existence d'un mandat solennel, par leur caractère public, pour des hommes qu'elle doit et veut protéger même malgré eux ?

» Voyez l'ensemble des dispositions de la loi et l'esprit dont le législateur a été animé.

» La loi a voulu que la vie du fonctionnaire public pût être recherchée, et que la vérité des faits allégués pût être prouvée; ce qui libère le diffamateur de toute pénalité.

» Elle a, dans l'intérêt de la morale publique, soumis les fonctionnaires à des conditions plus rigoureuses que les autres citoyens; mais elle leur a donné aussi des garanties qui ne peuvent être méconnues.

» Il nous semble que c'est déjà un cercle bien large que de soumettre le fonctionnaire à l'examen, que c'est une chose considérable que de dire : Quand le diffamateur aura fait la preuve des faits qu'il a avancés, il sera libre de toute peine. Je vous le demande, est-ce qu'à côté de cette preuve vous n'avez pas des précautions parfaitement légitimes, des prohibitions que la loi a eu raison de dicter? Ne voyez-vous point cette prohibition de n'admettre aucun témoignage contre la moralité du plaignant, cette autre prohibition de ne s'écarter sous aucun prétexte des termes de l'arrêt de renvoi? Est-ce qu'il n'y a pas des délais, des déchéances? Nous ne vous donnons point notre opinion pour la vérité judiciaire : c'est une question fort grave et nouvelle. Je ne sache pas qu'il y ait encore d'arrêt qui ait jugé ces prohibitions d'ordre public. Mais, en présence de ce qu'a d'exorbitant le système d'admission à la preuve des faits imputés aux fonctionnaires publics, lorsque le législateur a voulu placer dans un état de défiance, de suspicion légitime, les fonctionnaires, il a voulu en même temps leur assurer des garanties, avec la certitude que ces garanties seraient toujours respectées.

» La Cour rendra un arrêt qui non seulement sera conforme aux principes, mais empreint d'une haute et profonde moralité.

» S'il n'y a pas de règles tracées, s'il n'y a pas de limites infranchissables, je vous le demande, dans quelle situation allons-nous être placés ?

» Supposez qu'au lieu d'articuler le fait relatif à la canalisation de la Bièvre, on eût articulé un fait tout autre qui n'aurait aucune espèce de rapport avec la tannerie de M. Lavocat, suffirait-il que M. Lavocat vînt dire : « J'accepte la preuve », pour qu'elle fût ordonnée ? Si on articulait deux, quatre, six faits, s'il y en avait dix, vingt, suffirait-il que M. Lavocat, fonctionnaire public, acceptât la discussion pour qu'elle fût permise ? Non! la raison condamne un pareil système. Nous sommes dans une matière spéciale et limitée. La Cour appréciera.

» Maintenant, Messieurs, une autre préoccupation se présente à notre esprit : des conclusions sont prises par le défenseur du prévenu. Il n'y a pas de conclusion contraire. Est-ce la Cour qui doit vider le litige ou bien est-ce M. le Président, en vertu de son pouvoir discrétionnaire?

» Nous croyons qu'il y a lieu de décider simplement, par l'arrêt de la Cour, que la difficulté vient aboutir au pouvoir discrétionnaire de M. le Président. »

Me *Jules Favre* prend de nouveau la parole, et dit :

« Messieurs, je demande la permission d'insister en quelques mots, au nom de la liberté de la défense, au nom du respect auquel a droit le prévenu et des égards légitimes qu'il peut réclamer. Jusqu'au dernier mot de M. le procureur général, j'ignorais quel serait le sens de ses conclusions ; avec son excellent esprit, M. le procureur général a bien vu que ce n'est pas comme simple particulier, que c'est comme candidat à la députation, que M. Lavocat est attaqué. L'honneur de M. Lavocat ne lui appartient pas ; l'on peut dire qu'il appartient au parlement, qui est solidaire de tous ses membres.

» M. le procureur général a compris encore que, si, d'un côté, la loi est impérative, de l'autre, la volonté du plaignant, l'intérêt même de M. Lavocat, semblent commander que son cercle soit élargi. C'est donc à regret, et seulement dans la crainte de l'abus, que M. le procureur général a conclu à ce que l'audition des témoins sur le fait dont il s'agit ne fût point ordonnée. Pour moi je crois en fait, et sans professer de doctrine, que la Cour ne peut accueillir les conclusions de M. le procureur général.

» Je conviens avec M. le procureur général que la loi sur la presse est hérissée de toutes sortes de déchéances et de formalités. Le principe ne subsiste pas moins. M. le procureur général vous disait que le fonctionnaire public appartenait à la discussion, et qu'il devait faire passer sa vie tout entière au crible de l'opinion ; M. le procureur général trouve que c'est là une position fâcheuse. Je ne suis pas de son avis : je crois que c'est une faveur signalée que fait la loi au fonctionnaire de pouvoir prouver que celui qui l'a attaqué, non seulement est un diffamateur, mais encore un calomniateur.

» La loi sur la diffamation, qui protège les gens équivoques comme les honnêtes gens, fait le désespoir de ces derniers. Ce serait un grand bienfait pour eux que de conduire le diffamateur devant la justice du pays, et de lui dire : « Prou-» vez les faits que vous m'imputez. »

» Mais si, d'un côté, le fonctionnaire accepte le débat ; si, de l'autre, le ministère public le repousse, le fonctionnaire reste dans cette situation équivoque, funeste pour son honneur, que le bénéfice que la loi lui accorde de confondre la calomnie est illusoire.

» Nous articulons des faits sur lesquels des témoins sont prêts à déposer ; et voici que vous réduisez M. Lavocat à cette position cruelle de laisser croire que les témoins ont été forcés de garder dans leur conscience cette vérité qui l'aurait accablé peut-être.

» Je ne sache rien de plus insoutenable pour le plaignant.

» Vous êtes les ministres de la loi, vous êtes ses interprètes. Mais vous devez interpréter avec intelligence, avec libéralisme. Quand un homme est là, la main pleine de vérités, vous ne pouvez pas le condamner à la tenir fermée, surtout quand l'honneur de deux personnes y est engagé.

» La loi de 1819 prononce des déchéances. Elle ne permet pas de faire entendre des témoins sur des articulations qui n'ont pas été signifiées. Elle n'autorise point le prévenu à faire une enquête sur la moralité du plaignant. Si l'on ouvrait cette enquête, en effet, vous comprenez quel affreux scandale, quelle arène à toutes les mauvaises passions! Il fallait aussi imposer au prévenu des déchéances, afin qu'il n'y eût pas de surprise, que le plaignant ne fût pas entraîné dans un piége, et qu'il connût bien tous les faits auxquels il devra répondre. Mais quand ces formalités ont été remplies, quand les faits articulés sont connus du plaignant, prétendre que la preuve ne peut pas être faite, c'est aller au delà de la loi.

» M. Lavocat accepte le débat. De la part de son honorable défenseur, c'est une déclaration loyale, un désir qui ne saurait être équivoque, car il vient ici comme moi remplir une mission de vérité. De la part de M. Lavocat, il pourrait bien y avoir une restriction de conscience, un secret désir de voir triompher les principes si bien développés par M. le procureur général. Il pourrait y avoir une ostentation commode, une espérance qu'il sait devoir avorter au milieu des dispositions de la loi de 1819. Mais ce sont là des choses qu'il ne m'est pas permis de sonder. Je prends le débat dans la situation où il se trouve. La Cour voudra sans doute que la vérité se fasse jour. Nous nous en rapportons à sa sagesse. »

Me Léon Duval. — « Messieurs, je demande à dire un mot. Les explications que la Cour a entendues me forcent à m'expliquer à mon tour. On vient nous dire qu'on a la main pleine de vérités, mais que, si M. Lavocat permet l'audition des témoins, c'est de l'ostentation de sa part.

» Qu'est-ce que c'est donc que la position de M. de Boullenois? Il a voulu empêcher l'élection de M. Lavocat par un pamphlet; il a amassé tous les faits qu'il a pu recueillir, il les a accumulés dans son libelle.

» Il n'y a pas un des faits qu'il a articulés sur lequel il ne puisse faire entendre des témoins par centaine. Il a eu grandement le temps de préparer sa défense. Il arrive qu'au milieu de tous ces faits, M. de Boullenois remarque qu'il en est un dont la responsabilité ne saurait être imputée à M. Lavocat, car il n'était pas alors conseiller municipal. Alors M. de Boullenois se dit : « Je m'en vais en chercher un autre. » Et puis, voilà qu'à la veille des débats, il lui plaît d'imaginer, d'inventer ce nouveau fait. Quand vous le voyez agir de la sorte, croyez-vous qu'il soit bien probable que M. de Boullenois ait la main pleine de vérités?

» Quant à moi, voici le moment même de m'expliquer. Oui, ce sera avec joie que j'entendrai tous les témoins que vous voudrez faire entendre.

» Il n'y a pas là d'ostentation; il y a un vœu bien légitime et bien sincère. »

Me Jules Favre. — Le consentement que vient de donner M. Lavocat a bien l'air de celui d'un plaideur qui désire perdre son procès. On nous objecte que les faits ne se ressemblent pas, et que nous insistons parce que nous désirons une vaine parade. Si M. Lavocat entend les témoins, si la Cour ordonne leur audition, on verra que ces témoins révéleront la vérité du fait articulé. Mais M. Lavocat serait trop heureux que ses conclusions fussent repoussées, et d'en être quitte pour la vaine démonstration qu'il vient de faire au pied de la Cour.

M. le Président. — La Cour se retire dans la chambre du conseil pour en délibérer.

Pendant la suspension d'audience, la plus vive agitation règne dans la salle; des conversations bruyantes s'établissent de toutes parts.

La Cour, après délibération dans la chambre du conseil, rend un arrêt par lequel :

» Attendu que l'art. 21 de la loi du 17 mai 1819 dispose que les faits dont la preuve est admissible ne peuvent être autres que ceux qui ont été retenus dans l'arrêt de renvoi;

» Attendu que l'art. 23 de la même loi donne au prévenu le droit de faire entendre des témoins pour établir sa moralité, mais non pas pour discuter la moralité du plaignant....

» Dit que le témoin ne sera pas entendu. »

Me Jules Favre. — Les autres témoins que nous avons fait assigner devaient déposer sur le même fait. Nous déclarons ne pas insister.

M. le Président. — Nous allons passer aux témoins assignés à la requête de la partie civile.

V.—AUDITION DES TÉMOINS DE LA PARTIE CIVILE.

M. Pelassy de l'Ousle, membre du conseil général : — Je ne sais rien de relatif à l'affaire Fieschi, et je ne puis donner que quelques renseignements relatifs à la position de M. Lavocat comme membre du conseil général. Il s'agit notamment d'un billet écrit par M. Lavocat à M. Hourdequin : il était question, non pas d'une affaire de voirie, mais d'une affaire de carrières. M. Lavocat était à côté de moi, la discussion était assez vive, et je me souviens que M. Lavocat me passa un petit papier sur lequel était écrit : *Galis hurle!* Je dois dire qu'il existait entre M. Galis et M. Lavocat une très grande intimité. J'ajouterai que M. Galis est un homme très ferme, très indépendant, et dans l'amitié duquel on n'entre que lorsqu'on en est digne. Permettez-moi de dire quelques mots sur la manière dont sont traitées, au conseil municipal, les affaires de voirie. M. Hourdequin faisait les rapports, et M. Lavocat était étranger à la commission. D'ailleurs M. Hourdequin entrait souvent dans le sein du conseil, personne ne se défiait de lui, et il n'était pas besoin qu'on lui passât des renseignements qu'il avait à sa disposition. Quant à la réputation de M. Lavocat, au conseil, c'est celle d'un galant homme.

Me Jules Favre. — Est-ce qu'il n'y avait pas autre chose que ces mots : *Galis hurle?* — R. Oui, monsieur, mais je n'ai vu que cela. J'ai demandé à M. Samson ce qu'il y avait sur le billet.

D. Y avait-il plusieurs lignes? R. — Oui, monsieur.

M. le Procureur général. — Mais M. Lavocat appela-t-il spécialement votre attention sur un passage? — R. Non, monsieur, et j'aurais pu lire tout.

Me Jules Favre. — M. Galis est-il assigné?

Me Léon Duval. — Non, monsieur, je ne pouvais faire assigner tout le conseil municipal; je produis au débat une lettre du vice-président du conseil général.

M. le Président. — M. Samson a-t-il dit ce qu'il y avait sur le papier? — R. C'était, m'a-t-il dit, une série d'observations sans importance : *Un tel parle, un tel se tait.*

M. le Président. — Et enfin *Galis hurle!*

Le sieur Fleury, charpentier : — Dans le courant de décembre 1846, je prenais un verre de vin chez Bruère. M. de Boullenois était là; il dit qu'il avait une affaire avec M. Lavocat, et qu'il cherchait des témoins. Il ajouta : « Si j'en trouve quelques uns, je les emmènerai à Mézières, et je les défraierai de tout. » Mon camarade me dit : « Tiens, vois-tu, si nous en disions autant, nous autres simples prolétaires, nous serions dans le cas d'être condamnés. »

M. de Boullenois resta là. Lorsque nous partions, je rencontrai un nommé Delpech, auquel je racontai cela. Tiens, c'est bien drôle! me dit-il, un monsieur qui vient dans un cabaret faire ce que nous ne ferions pas, nous autres prolétaires! »

Me Jules Favre. — On fait venir un témoin qui n'a pas vu grand'chose, dont l'indépendance n'est pas très bien prouvée.

Le témoin. — Est-ce qu'on veut m'attaquer? Je suis prolétaire, et j'ai fait mon devoir dans les circonstances....

M. le Président. — Continuez tout simplement le récit des faits.

Le témoin. — Je repassai deux heures après. M. de Boullenois était parti. Bruère me raconta ce qui s'était fait.—Bah! c'est un monsieur qui veut une place; et s'il était en face de nous, simples prolétaires, il serait comme M. Lavocat : tant l'un, tant l'autre : nous n'en aurons pas davantage.

Me Jules Favre. — C'est un témoin philosophe.

Me Léon Duval. — M. de Boullenois buvait-il? — R. Oui, monsieur.

Une voix dans l'auditoire. — C'est pas vrai!

M. le Président. — Nous entendrons ce témoin en vertu du pouvoir discrétionnaire.

Me Jules Favre. — Comment M. Lavocat a-t-il su ces faits?

Le témoin. — Je dis à Delpech : « Voilà des gens qui veulent user du monopole, il faut avertir M. Lavocat..... » Mais je ne connaissais pas M. Lavocat.

Me Léon Duval. — Il reste toujours bien entendu que cette scène de cabaret a eu lieu. J'ajouterai qu'on avait voulu aller jusqu'à M. Barbedienne, qui a épousé la belle-mère de M. Lavocat ; on voulait se servir de pareilles armes.

M. le Président. — Ceci devient étranger aux débats. Les faits sont constatés.

Le témoin. — Est-ce qu'on veut me faire du mal en disant...

M. le Président. — Vous êtes ici pour déposer, et les questions personnelles sont en dehors du débat.

Un juré. — Le témoin reconnaît-il M. de Boullenois ?

Le témoin. — Je suis atteint d'une *amaurose*, et je n'ai pas pu distinguer.

Un juré. — Ne pourrait-on pas s'assurer si le témoin est véritablement atteint d'une *amaurose*?

Me Jules Favre. — Il aurait mieux valu avoir un témoin qui ne fût pas aveugle.

Me Léon Duval. — Niez-vous avoir été dans le cabaret?

Me Jules Favre. — Qu'importe? nous nions les propos qu'on nous prête.

M. le Président donne lecture d'un certificat constatant que le témoin est atteint d'*amaurose* à la suite d'une blessure.

Un juré. — Est-ce le jour même où le témoin a vu M. de Boullenois qu'on lui a dit d'aller chez M. Lavocat? — R. Oui, on m'a dit qu'il me demandait.

M. Lavocat. — Il y a confusion dans les souvenirs du témoin. La première fois, il est venu de son propre mouvement. Je montais en voiture, et je n'avais pas le temps de l'écouter. Lorsqu'il prononça le nom de M. de Boullenois, je prêtai attention. Je lui dis de revenir, parce que je tenais à ce qu'il fît sa déclaration devant d'autres personnes.

Le témoin. — Toutes ces circonstances sont vraies.

M. le Président. — La parole est à l'avocat de la partie civile.

VI. — PLAIDOIRIE DE Me LÉON DUVAL.

Me Léon Duval s'exprime ainsi :

« Messieurs,

» M. Lavocat a brigué cinq fois et a cinq fois obtenu l'honneur de représenter l'arrondissement de Vouziers à la Chambre des députés. A la dernière épreuve, M. Lavocat a trouvé sur le terrain de l'élection un libelle, suivi bientôt d'un autre libelle. Ces écrits attaquent à la fois sa vie privée et la part qu'il a prise, comme homme public, à divers faits de notre histoire.

» Si les deux libelles disent vrai, M. Lavocat n'a ni foi, ni honneur, ni scrupule, ni probité, c'est un malhonnête homme. Voici la querelle qui va se vider pardevant vous, et dont vous allez être les juges. On ne dira pas que M. Lavocat ait choisi un tribunal facile aux hommes publics ou complaisant à la corruption, et déjà je me sens soutenu par cette conviction qu'il n'y a personne ici qui ne soit touché de son courage.

» M. de Boullenois, l'auteur des deux écrits incriminés, a pris de prédilection, dans la carrière de M. Lavocat, deux groupes de faits : les circonstances qui ont mêlé M. Lavocat au procès du régicide Fieschi, et les rapports qu'en sa qualité de membre du conseil général de la Seine M. Lavocat a eus avec M. Hourdequin, alors chef du bureau de la voirie.

» Je m'explique d'abord sur ce dernier chef, c'est-à-dire sur l'incident qui mit entre les mains du sieur Hourdequin l'écrit que M. de Boullenois a pris pour texte de ses accusations insensées.

» La ville de Paris soudoie un service d'ingénieurs et d'ouvriers pour veiller à la sûreté du terrain sur lequel la cité est assise. Paris est miné presque partout, à des profondeurs immenses, de carrières d'où sont sortis les matériaux des premières maisons qui ont pris pied sur le sol ; de telle sorte que sous la ville, qui respire en plein air et qui voit dans le bleu du ciel, il y a un réseau de rues souterraines où le jour n'a jamais pénétré. Quelquefois le poids des constructions, l'ébranlement que causent les fardeaux qui se charrient à sa surface, ou l'infiltration des eaux pluviales, déterminent des éboulements. Pour prévenir ces malheurs, il faut étayer : de là une allocation de fonds, des travaux et une surveillance permanents.

» En 1841, des bruits alarmants se répandirent, des rumeurs à faire frissonner se propagèrent. On disait que les sommes consacrées par la ville de Paris à étayer les carrières étaient plus ou moins dilapidées ; que les fonds votés pour achat de matériaux propres à soutenir les voûtes étaient détournés ; qu'on se procurait des pierres de la façon la plus expéditive et la plus imprévoyante, en excavant dans les carrières elles-mêmes les points d'appui séculaires du sol de Paris ; que la solde des ouvriers nécessaires aux travaux passait aussi en concussions ; qu'on simulait des ouvriers fictifs et qu'on dévorait le budget des carrières, à la faveur d'émargements signés par les faussaires ; qu'enfin, l'étaiement des souterrains sous Paris manquant de tous côtés, les maisons et les monuments risquaient de s'affaisser quelque jour dans les abîmes. Le conseil municipal de la ville de Paris s'était ému de ces bruits, et il avait institué dans son sein une commission pour éclaircir les faits.

» Les carrières sous Paris étaient à cette époque dans les attributions de M. Hourdequin, qui depuis s'est perdu pour avoir trafiqué des faveurs et des secrets de la voirie; mais alors, soit qu'il n'eût pas encore failli, soit qu'il se fût rendu impénétrable, la confiance que le conseil municipal avait en lui était intacte. Travailleur infatigable, intelligent, dévoué, il avait reçu déjà une fois du conseil la faveur fort rare d'une gratification, et il recueillait tous les jours de la plupart de ses membres, dont je n'ai pas besoin de rappeler la position élevée, des témoignages de considération et d'amitié.

» Il faut parcourir les débats du procès criminel que subit Hourdequin pardevant la Cour d'assises, pour se convaincre de l'engouement qu'il avait su inspirer à tout le monde. M. Planson, chef de division dans les bureaux de la Ville, a dit de lui : « Je partageais avec M. le préfet toute la confiance » qu'il avait en M. Hourdequin, qui l'avait gagnée par son » habileté et son mérite éminent dans les affaires. »

» M. Chantelot, qui fut plus tard le successeur d'Hourdequin dans les bureaux de la voirie, s'est exprimé ainsi : « M. Hour- » dequin était très aimé, très estimé ; tous les conseils qu'il » donnait tendaient toujours au bien de la ville. Jamais le » plus léger doute ne s'était élevé sur sa probité. »

» M. Mortimer-Ternaux, membre du conseil municipal, a dit : « Il était très habile et très estimé. »

» M. Moreau, membre du conseil municipal, a été plus loin : « Ma confiance en lui, a-t-il dit, a été sans bornes. » — *M. le président* au témoin. — Jusque dans les derniers » moments? — *M. Moreau.* — Jusqu'à ce jour même et jus- » qu'au verdict du jury. »

» M. Hérard, membre du conseil municipal, en a dit autant : « Il était très estimé de tout le monde, je l'estimais » aussi. J'ai été très surpris de l'accusation dirigée contre lui. » Je m'abstiens de me prononcer jusqu'à la décision du pro- » cès. J'attendrai. »

» Ce n'était pas seulement à l'Hôtel-de-Ville que M. Hourdequin fascinait tous ceux qui avaient affaire à lui. Il avait été employé pendant plusieurs années dans les bureaux de la garde nationale de Paris, et honoré de la protection de l'illustre maréchal Lobau, protection qui l'a avoué dans le malheur et qui, à plus forte raison, éclatait avec grâce et autorité dans la bonne fortune. Le brave général Jacqueminot aussi lui a rendu ce témoignage, que douze ans d'honneur et de travaux distingués lui avaient valu son affection. En vérité, si jamais l'adversité fut amère, ce dut être celle de cet homme, à qui de si nobles cœurs furent fidèles jusqu'à la Cour d'assises.

» Voilà le personnage que M. Lavocat vit, dans la session de novembre 1841, appelé à justifier la comptabilité des souterrains sous Paris pardevant le conseil municipal.

» Un mot cependant encore sur un incident essentiel. Quelque temps avant la séance qui va s'ouvrir, un anonyme, un observateur enjoué et satirique avait imaginé, pour chacun des membres du conseil municipal, une qualification puisée dans ses habitudes ou dans ses mœurs, et qui les peignait, dit-on, avec quelque verve. Cela n'était pas respectueux; mais ces messieurs sont si haut placés, que chacun d'eux avait eu l'esprit d'en rire. Dans cette revue sardonique, il était échu à M. Galis, c'est-à-dire à l'Alceste du conseil municipal, à un homme dont tout le monde aime le naturel, la franchise et la droiture... il lui était échu... je suis bien obligé de vous le dire... l'épithète de *hurleur*, soit parce qu'après l'invasion du choléra il avait demandé avec instance qu'on donnât de l'air et du jour aux rues étroites du centre de Paris, et particulièrement à la rue du Grand-Hurleur, où la population pauvre est entassée; soit parce qu'il lui arrive quelquefois d'être enroué, et parce que cela ne l'empêche pas d'insister de tous ses poumons et de toute sa fermeté sur les choses qu'il croit bonnes, justes et fondées. La première explication est celle de M. Galis; il m'a autorisé à vous la transmettre. La seconde n'est qu'une conjecture.

» Nous voici donc à la mémorable séance du conseil municipal, où M. de Boullenois trouve que M. Lavocat a perdu le droit d'être regardé comme un galant homme.

» La séance s'ouvrit par le rapport de la commission municipale qui avait été chargée de scruter l'affaire des carrières.

» En premier lieu, ce qui résulta de ce rapport, c'est que le sieur Hourdequin était pur de toute participation aux deniers détournés de leur emploi. En voici des preuves irrécusables : M. Galis, l'inexorable M. Galis, faisait partie de la commission ; or voici ce qu'il a dit à la Cour d'assises, dans les débats du procès Hourdequin :

« Le conseil municipal avait entendu parler des désordres » qui régnaient dans l'administration des carrières. Lorsque » la session de novembre 1841 s'est ouverte, le conseil mu- » nicipal a voulu nommer une commission pour examiner ces » faits. Je fis partie de cette commission. Le résultat fut que » nous eûmes cette impression, que M. Hourdequin n'avait » aucune part dans les bénéfices illégaux qui résultaient de » ces désordres. »

» M. Perret, autre membre du conseil municipal, a déposé avec la même netteté :

« Nous nous sommes convaincus, a-t-il dit, que Hourde- » quin n'avait pas participé aux dilapidations du service des » carrières. »

» En second lieu, la commission avait pris en flagrant délit les abus qui avaient soulevé tant de clameurs et de doléances... mais elle ne les avait pas trouvés, à beaucoup près, si graves qu'on les avait crus.

» D'abord il fut démontré que la peur des éboulements était une panique. Sur 120,000 francs consacrés annuellement par la Ville à soutenir les voûtes des carrières, il n'y a que 8000 francs votés pour achats de matériaux : il ne pouvait donc pas s'être commis des infidélités dévorantes sur cette petite somme. Aussi M. Périer, membre du conseil municipal, a-t-il dit de fort bonne grâce à la Cour d'assises :

« Il y avait dans le service des carrières des abus fâcheux, » et qui ont donné lieu aux bruits les plus graves. On avait » été jusqu'à dire que beaucoup de voies publiques avaient été » attaquées, et qu'on avait coutume de faire un trou pour en » boucher un autre. Nous avons acquis la certitude que les » dégâts n'avaient pas été aussi grands qu'on l'avait dit. »

» Vint ensuite la question des ouvriers fictifs et des carriers imaginaires. Sur cent soixante-quatre personnes qui percevaient un salaire comme employées aux travaux sous terre, il y en avait seize qui furent reconnues fictives. C'était beaucoup moins, infiniment moins que la malignité n'avait cru. Encore cela s'expliquait par deux raisons qui n'étaient pas absolument mauvaises : en effet, les ingénieurs sont ordinairement aidés dans leurs travaux par deux ou trois ouvriers, plus ou moins, qui portent leurs instruments, et qu'on appelle des plantons ; mais il y a aussi des ingénieurs qui se donnent un peu plus de mal, qui se passent de plantons, et qui s'en appliquent la solde. Cela se faisait dans le service des carrières sous Paris ; et il paraît que cela se fait même dans les Ponts-et-Chaussées, qui ont accompli sous nos yeux d'immenses travaux avec une intégrité et une économie admirables.

» L'autre cause des émargements fictifs était bien autremens vénielle. Il se trouva que des ouvriers infirmes ou usés de vieillesse figuraient sur les états et touchaient leur salaire sans le gagner, parce qu'ils étaient excédés de maladies ou d'années, et quelques uns des deux fardeaux à la fois, et parce qu'ils ne pouvaient plus descendre dans les carrières. Il faut que ce dernier méfait (il est un peu dur de donner ce nom à de pareilles irrégularités) ait vivement touché le conseil municipal, car on le retrouve exprimé avec une commisération dont ils ne peuvent se défendre, dans les dépositions des membres du conseil municipal qui furent les plus sévères en cette occurence. « *C'était*, a dit M. Galis, « *une espèce de bureau de charité.* » M. Périer a dit quelque

chose de semblable : « *M. Hourdequin avait fait de cette af-*
» *faire une question d'humanité. Voilà ce qui nous a été dé-*
» *montré.* »

» Bureau de charité ! question d'humanité ! Cela n'empêche pourtant point M. Galis d'apostropher M. le préfet de la Seine en conseil municipal d'une façon bien véhémente, car il a reconnu lui-même qu'en cette circonstance il avait été *vif et qu'il avait parlé très haut.*

» Ajoutez seulement à cela la circonstance aggravante d'un rhume qui rendait la voix de M. Galis un peu rauque, et vous comprendrez que dans le désœuvrement d'une longue séance, dans l'excitation nerveuse d'une scène que M. Lavoçat n'approuvait pas tout à fait, il ait écrit sur le premier papier qui lui tomba sous la main : *Ici Galis hurle.*

» Pour être sévère à cette boutade, il faut ignorer tout ce qu'engendrent de familiarité et de camaraderie plusieurs années passées dans une communauté de travaux, dans une mutuelle estime. C'est quelquefois la vanité des hommes de cinquante-cinq à soixante ans de se rajeunir par des jeux, même par des espiègleries. Cela est si vrai, que M. Galis lui-même, le grave, le sévère M. Galis, ne dédaignait pas d'attacher des brins de papier à l'habit d'un collègue encore plus grave que lui, au plus fort de la plus grave harangue. M. Galis lui-même ne nierait pas qu'il a vidé plus d'une fois la sablière du conseil municipal dans la poche de tel de ses collègues.... Je n'en veux pas dire plus.

» Mais je vais plus loin : prenez l'assemblée la plus sérieuse, par exemple la chambre des députés. On sait à Mézières, mieux que partout ailleurs, ce qui peut s'y faire sans que les murailles s'écroulent et sans que les affaires du pays en aillent plus mal. Un procès en diffamation plaidé naguère dans le pays a révélé l'aventure que voici :

» Pendant que la tribune était occupée par un excellent discours, mais qui n'en finissait pas, tout le monde faisant son courrier dans la salle, M. Cunin-Gridaine, alors secrétaire de la chambre, imagina d'écrire sur un papier : « *Bon* » *pour cent mille francs, que le trésor public paiera à M. le gé-* » *néral Jacqueminot* », et il signa fièrement, puis il expédia le papier de mains en mains au bénéficiaire. Le général le lut, il s'en dérida un moment, et après avoir remercié du regard l'auteur de cette générosité, il laissa traîner ce papier qui devint ce qu'il put. Ce qu'il y a de certain, c'est que le papier a été ramassé par je ne sais qui, et qu'il est devenu la matière d'un libelle ! Vous voyez que de nos jours nous faisons mieux que Laubardemont.... Au moins, il lui fallait quatre lignes pour faire pendre un homme.

» Rendons justice à M. Galis, il a pris lui-même la chose en homme de sens et de goût. Voici ce qu'il dit à la Cour d'assises :

« Je fis un rapport en termes très vifs, ce qui a fait dire à » l'un de nos collègues, qui n'en rend pas moins justice à » mes bonnes intentions et qui, je suis sûr, ne m'en estime » pas moins, que j'avais hurlé. »

» Oui certes, M. Lavocat n'en estime et n'en aime pas moins M. Galis ! Oui certes, il n'en reconnaît pas moins que M. Galis était dans son droit, et que les malheurs qui émeuvent le plus la charité ne doivent cependant pas être secourus avec des deniers clandestins et d'une façon déguisée. Seulement M. Lavocat a trouvé M. Galis un peu grondeur, et peut-être aussi un peu enroué. Dans les meilleures causes c'est un défaut de parler trop haut. Lorsque Gracchus haranguait les Romains, il avait derrière lui un esclave qui lui donnait le ton sur une petite flûte d'ivoire : *cum eburneola fistula*. Cicéron regrettait la flûte de Gracchus, il disait que de son temps la plupart des orateurs hurlaient au lieu de parler : *Latrant plerique oratores, non loquuntur*.... Voilà la boutade de M. Lavocat expliquée.

» Cependant, le malheur veut que cette boutade ait un

retentissement fort inattendu. Trois mois mois après, Hourdequin est arrêté pour malversations, et l'instruction trouve dans ses papiers celui qui porte le malencontreux *Galis hurle*. Rien ne sied plus mal, j'en conviens, rien n'a l'air gauche, rien ne grimace comme un trait de gaîté ôté de son cadre. C'est ce qui est arrivé à celui de M. Lavocat.

» Sa plaisanterie lui avait échappé dans l'intimité, et tout à coup elle se produit à la Cour d'assises. Là combien de circonstances la chargent ! M. le président ignore comment le mot est parti ; il soupçonne à bon droit dans Hourdequin un coupable, il croit surtout que l'accusé n'a pas les mains nettes dans la comptabilité des carrières : il blâme le propos, il le trouve inconvenant et indiscret..... Et voilà M. de Boullenois heureux ; il a la matière de son libelle. Combien dans ses mains l'incident va fructifier ! Il supposera que M. Galis n'avait pas la voix fêlée le jour où il harangua contre M. le préfet de la Seine ; il soutiendra que M. Lavocat l'accusait de hurler, parce qu'il démasquait les crimes de M. Hourdequin ; il en induira que M. Lavocat était le complice de M. Hourdequin ; il dira que M. Lavocat jetait sur le papier le sarcasme à l'adresse de M. Galis, pour saisir ensuite le moment de faire parvenir ces quelques mots à M. Hourdequin, pour l'avertir que ses affaires allaient mal, pour l'aviser de se tenir sur ses gardes...

» Mais attendez, attendez, et vous allez voir le vent dissiper tous ces nuages.

» Les journaux du lendemain apprennent à M. Lavocat ce qui s'est passé à la Cour d'assises ; il écrit immédiatement à M. le président ; il se déclare l'auteur du brocard qui a si fort ému la justice, et il demande à comparaître pour s'expliquer.

» Là dessus qu'arrive-t-il ? Le débat sur l'affaire des carrières recommence dans l'enceinte des assises, et la lumière y entre de toutes parts.

» M. Galis, M. Moreau, M. Périer, tous membres du conseil municipal, sont entendus. M. le président les pousse à fond sur tous les détails, et ils disculpent complétement Hourdequin, comme il l'avait été au conseil municipal, dans la séance du mois de novembre. Alors il devient clair pour tout le monde que M. Lavocat n'avait aucun intérêt à communiquer clandestinement avec Hourdequin, puisque l'examen approfondi de la comptabilité des carrières n'avait produit aucune charge contre Hourdequin, ni à l'Hôtel-de-Ville, ni à la Cour d'assises. Il y a plus, M. Galis avoue que dans la mémorable séance de novembre il avait fort élevé la voix. Alors la plaisanterie de M. Lavocat finit par être comprise, et elle y gagne, et on la trouve meilleure, et l'incident ne laisse aux assises autre chose qu'un éclair de gaîté et quelques sourires.

» La preuve qu'il n'en est resté nulle tache sur M. Lavocat, faut-il vous la donner sans réplique ? D'abord *le Siècle*, qui est la grande autorité de M. de Boullenois dans cette affaire, a fait immédiatement réparation à M. Lavocat. Il avait imprimé le 10 novembre 1842 :

« Si les habitants de Paris ne veulent pas être ruinés par » une administration qui devrait se regarder comme la gar» dienne des justes droits de tous et de chacun, il leur faut » prendre un sténographe dans le sein du conseil municipal, » qui les instruise du résultat des délibérations secrètes. »

» Le *Siècle* publia le lendemain un article où je lis ce qui suit :

« Nous devons, pour continuer le rôle d'impartialité que » nous nous sommes tracé, mentionner une démarche hono» rable qui a été faite aujourd'hui dans nos bureaux. M. La» vocat, conseiller municipal, est venu nous déclarer qu'il é» tait l'auteur du billet auquel on a pu rattacher les induc» tions dont nous parlions tout à l'heure. Nous devons dire » que les explications dans lesquelles il est entré sont de na-

» ture à mettre sa bonne foi et sa loyauté à l'abri de tout » soupçon. »

» Les faits étaient d'ailleurs si bien éclaircis, que M. le président des assises ne voulut même pas appeler M. Lavocat dans le débat, comme il n'eût pas manqué de le faire, comme c'eût été une stricte et impérieuse justice, pour peu que la moindre charge eût pu peser sur lui dans cette affaire.

» M. Galis conserva du fait si peu de rancune, qu'ayant à se faire remplacer quelque temps après, pour cause de maladie, dans la présidence du conseil de révision, ce fut à M. Lavocat qu'il s'adressa, et il lui écrivit, à cette occasion, le billet le plus affectueux et le plus aimable. La circonstance était assurément sans gravité ; cela n'empêche pas qu'on ne traite pas sans nécessité de cher camarade un homme qu'on regarde comme taré.

» En vérité, ce n'est pas sans un serrement de cœur que j'en viens à justifier M. Lavocat d'une prévarication, mais il le faut ; j'espère d'ailleurs que tout ceci retombera sur M. de Boullenois, car c'est un grand tort que d'obliger un galant homme à se disculper d'une bassesse. Aussi tout le monde (et ceux-là surtout qui ont éprouvé M. Lavocat par une longue expérience dans les grandes affaires) a voulu lui apporter son contingent, et lui servir de parrain devant la justice. Dans le nombre, car il faut choisir, permettez-moi de citer d'abord le témoignage de l'honorable président du conseil général de la Seine :

« Mon cher collègue,

» J'ai lu les deux imprimés que vous m'avez communi- » qués, et puisque vous tenez à savoir quelle a été mon im- » pression en les lisant, je vous dirai que j'ai vu dans la ma- » nière dont ont été rapportées certaines circonstances des » affaires Fieschi et Hourdequin une grande malveillance et » un désir évident de faire échouer votre élection, n'importe

» comment. A la vérité, vous devez vous trouver trop au-
» dessus de telles insinuations pour vous en affecter sérieu-
» sement.

» Il est une circonstance entre autres, celle concernant
» M. Galis, à laquelle on a voulu donner une importance
» que, j'avoue, je n'ai jamais comprise. Que vous vous soyez
» permis une plaisanterie, que s'expliquent mal les person-
» nes qui ne savent pas quelle familiarité des relations de
» tous les instants avaient établie entre quelques membres
» du conseil municipal, cela ne prouve pas qu'il y ait eu en-
» tre M. Hourdequin et vous une connivence coupable,
» qu'assurément vos collègues n'ont jamais supposée.

» J'ai suivi toutes les affaires du conseil général municipal
» de Paris avec beaucoup d'assiduité et d'attention ; c'était
» mon devoir, puisque depuis quinze ans j'ai l'honneur d'être
» son président. J'ai la conscience que toutes ont été soigneu-
» sement traitées ; qu'aucune affaire d'intérêt privé n'a été
» faite par aucun de mes collègues. Je souhaite que l'on con-
» tinue toujours de même, et que nos successeurs ne fassent
» pas plus mal que nous.

» Je n'ai pas besoin de vous dire que tous ces imprimés,
» publiés à l'occasion de votre élection, ne sauraient chan-
» ger en rien les sentiments d'estime et d'amitié que nous
» vous portons, et, en mon particulier, je vous prie, mon
» cher collègue, d'agréer les nouvelles assurances de mon
» bien sincère attachement.

» *Signé* : BESSON,

» *Pair de France, président du conseil général de la Seine.*

» Paris, le 28 décembre 1846. »

» A cette lettre, il faut en ajouter tout de suite une autre, qui porte un nom significatif, et que M. de Boullenois ne récusera pas.

« Monsieur,

» Je viens d'avoir connaissance des écrits auxquels vous » faites allusion dans votre lettre adressée aux électeurs de » Vouziers, le 2 août dernier.

» D'après le nom que je déplore de voir au bas de pareils » pamphlets, vous comprendrez le besoin que j'éprouve de » venir protester hautement près de vous. Veuillez être per- » suadé, Monsieur, que vos amis de Paris ne sont pas moins » indignés que ceux des Ardennes. De semblables calomnies, » encore plus absurdes que méchantes, ne peuvent du reste » vous atteindre. J'ajouterai que celui qui vous a ainsi atta- » qué ne peut trouver d'excuse que dans une inqualifiable » aberration d'esprit, dont l'opinion et le bon sens publics » suffisaient seuls pour faire justice.

» Veuillez agréer, Monsieur, l'assurance de ma considéra- » tion la plus distinguée et de mon sincère dévoûment.

» *Signé* : FRÉDÉRIC DE BOULLENOIS. »

» Vous voyez que M. Ernest de Boullenois aurait pu trouver tout près de lui, dans sa propre famille, des préservatifs contre la triste maladie des libelles.

» Maintenant que toute cette affaire Hourdequin vous est connue, voyons comment M. de Boullenois est parvenu à l'envenimer. D'abord M. de Boullenois insinue que M. Lavocat ne s'est avoué l'auteur du propos incriminé que parce qu'il y a été obligé et parce que son écriture avait été reconnue.

» Voici ce qu'il dit dans le libelle :

« Si M. Lavocat est venu faire cet aveu au *Siècle* sponta- » nément, et pour qu'une accusation ne pesât pas injuste- » ment sur un de ses collègues, je suis de l'avis du président,

» sa conduite était d'une grande inconvenance et d'une grande
» indiscrétion. Mais si au contraire M. Lavocat avait été
» forcé de se déclarer parce que son écriture aurait été re-
» connue, et qu'étant sous le poids d'une dénonciation, il
» aurait préféré courir au devant de l'affaire, faire des ex-
» cuses à M. Galis et à M. Lambert Sainte-Croix, et venir
» conter une petite histoire au *Siècle*, avec une bonne foi et
» une humilité apparentes, et qu'ainsi il eût trompé tout le
» monde, oh! alors sa conduite serait inqualifiable. »

» Tout cela est fort spirituel et fort méchant, je ne dis pas non; il en résulte que M. Lavocat a offensé M. Galis, qu'il a gardé l'anonyme tant qu'il a pu, qu'il s'est avoué l'auteur de l'insulte sous la menace d'une *dénonciation*, qu'alors il a fait des *excuses*, et qu'enfin il a trompé le *Siècle* par une *bonne foi apparente*. Il est difficile d'accumuler plus de lâchetés.

» Malheureusement pour le libelle, tout cela est de son invention et tout cela est mensonge! Un seul mot fait crouler toute cette cruelle malice, et ce mot M. Pelassy de Lousle vous l'a dit: M. Lavocat ne pouvait songer à cacher la paternité du propos, puisqu'il l'a montré écrit de sa main à M. Pelassy de Lousle, qui se trouvait son voisin, et qui en a eu la primeur au conseil municipal séance tenante.

» D'ailleurs, si l'écriture de M. Lavocat a été reconnue, si celui qui l'a reconnue l'a contraint à se révéler, pourquoi donc M. de Boullenois ne fait-il pas entendre ce témoin, qui fera sa preuve et absoudra son libelle? C'est pour cela que nous sommes ici. La lice est ouverte, et, souffrez, M. de Boullenois, que je vous le dise, nous n'y voyons qu'un homme accablé sous le poids de ses perfidies.

» Le moment est venu de les expier, et je leur arrache leur masque à l'une après l'autre. Je lis page 9 de la brochure:

» Hourdequin, chef de bureau à la préfecture de la Seine,

» avait sous sa direction le bureau de la grande voirie de Paris, et il profitait de sa position pour commettre les malversations les plus déshonorantes. Comme les débats l'ont prouvé, il avait donné une grande extension à ses relations criminelles; il avait même parmi le conseil municipal des personnes assez complaisantes pour lui rendre compte non seulement de ce qui s'était dit pendant la réunion du conseil, mais encore qui poussaient l'obligeance jusqu'à le prévenir à chaque moment de ce qu'on disait pendant la délibération. Effectivement, il fallait à Hourdequin des renseignements aussi exacts, car voici comment cet employé agissait : s'il était question de percer une rue, percement qui devait quadrupler de suite la valeur du terrain, Hourdequin entrait aussitôt en marché avec les propriétaires de ces terrains, qui ignoraient les projets de la Ville, et l'affaire était en suspens jusqu'au moment de la décision du conseil municipal ; or, si le conseil votait ce percement, Hourdequin, averti de ce qui se passait à l'intérieur, avait le temps de terminer le marché avant que les membres du conseil municipal ne fussent sortis de la séance, et, par conséquent, avant que ce nouveau projet ne fût divulgué. Comme tout le monde le sait, le conseil de Paris vote à la fois plusieurs millions. »

» M. le président de la Cour d'assises, après avoir fait grand nombre de questions à Hourdequin, arrive à celle-ci :

« *M. le président.* — On a saisi chez vous un rapport adressé au conseil municipal, au dos duquel se trouvent des notes au crayon, qui paraissent avoir été prises pendant la délibération du conseil. On y retrouve, en effet, des mentions qui paraissent être l'analyse des opinions de plusieurs membres. Puis on y lit ces mots, qui sont d'une grande inconvenance et d'une grande indiscrétion : *un tel* dit telle chose; *un tel*, etc. ; puis, plus loin : *Galis hurle* (on rit). Comment, au milieu d'une délibération sérieuse, lorsqu'il

» s'agit des intérêts de la ville et de régler les conditions » d'un marché à forfait, peut-on se permettre d'écrire de » telles choses ! Savez-vous de qui sont ces notes au crayon? » Ne sont-elles pas de la main de M. Lambert Sainte-Croix? » *R*. Non, M. le président. — *D*. De qui donc ? — *R*. Je ne » m'en souviens nullement.

» *M. le Président.* — Je ne puis vous forcer à en faire » l'aveu ; mais ceci s'éclaircira plus tard. »

» Ainsi, le conseil municipal étant réuni, il s'agissait de » délibérer sur des affaires très importantes pour la ville de » Paris. Un homme faisant partie de ce conseil, investi de la » confiance de ses concitoyens, transmettait au dehors d'in- » stant en instant les secrets de la délibération. Il écrivait au » crayon de petites notes, afin de faire connaître à quel point » en était la discussion : « un tel dit ceci, un tel dit cela, » Galis hurle... » M. Galis, membre du conseil municipal, » *hurlait*, c'est-à-dire était contre le projet dont la réalisa- » tion était tant désirée par Hourdequin. »

» Dans ce passage, M. de Boullenois a brûlé ses vaisseaux. Jusque là il avait dit de M. Lavocat des choses qui n'étaient que blessantes ; ici il l'accuse d'un crime...., du crime de concussion prévu par l'article 174 du Code pénal. Et en effet, vous avez dégagé dans toute cette prose venimeuse cette circonstance, qu'il *s'agissait de régler les conditions d'un marché à forfait*, et que M. Galis avait déplu à M. Lavocat, parce qu'il s'opposait de toutes ses forces à la réalisation du marché qui profitait à M. Lavocat et à M. Hourdequin tout ensemble. Si M. de Boullenois enfonce le couteau jusque là, c'est qu'il y est obligé; il sent bien que toutes les communications du monde entre Hourdequin et M. Lavocat ne peuvent déshonorer celui-ci qu'à une condition, c'est qu'elles auront abouti à une malversation et à une saleté quelconque. Sans cela il est clair qu'il n'est pas plus extraordinaire de voir

Hourdequin en rapport avec M. Lavocat qu'avec le préfet ou tout autre membre du conseil municipal.

» Voilà donc M. de Boullenois amené, par la fatalité qui pèse sur quiconque fait le mal, à imputer à M. Lavocat la complicité d'un crime. Ce qu'il y a de curieux, c'est que, tout en se montant la tête, M. de Boullenois ne croit point et ne peut pas croire à ce crime. Il ne peut pas y croire, parce qu'il sait bien par tous les journaux et par les débats de la Cour d'assises qu'il ne s'agissait pas ce jour-là, au conseil municipal, de régler les conditions d'un marché à forfait, mais bien de la comptabilité des carrières. Il ne peut pas y croire, parce qu'il sait que M. Hourdequin lui-même sortit justifié de l'examen qu'il subit sur les carrières; il ne peut pas y croire, car il n'ignore pas que *le Siècle* a fait amende honorable.

» Finalement il n'y croit pas, puisque, M. le juge d'instruction lui ayant objecté que ce passage de sa brochure représente M. Lavocat comme préparant et facilitant les malversations d'Hourdequin, et par conséquent comme son complice, M. de Boullenois répond :

« Je n'ai pas eu l'intention d'accuser M. Lavocat d'avoir » en rien trempé dans les malversations d'Hourdequin, et » d'en avoir profité personnellement. Je n'ai pas prétendu » que M. Lavocat, en remettant des notes à l'employé de la » Préfecture, ait voulu préparer ou faciliter des malversa- » tions. »

» En un mot, M. de Boullenois est de la pire espèce des médisants, de ceux qui ne croient pas eux-mêmes à leurs calomnies. Il n'a pas l'excuse de la passion, qui s'étourdit et qui en vient à être convaincue; il ment à froid : c'est le dernier degré de l'abjection.

» En voici encore un exemple !

» S'il faut en croire M. de Boullenois, le jour où M. Lavocat raillait si agréablement M. Galis en l'immolant à M. Hourdequin, déjà celui-ci était connu et signalé comme un concussionnaire.

» Voici comment M. de Boullenois exprime sa pensée; il se moque de la justification de M. Lavocat, encore qu'elle ait paru bonne et honorable, même au *Siècle :* « C'était, dit» il, une étourderie de la part de M. Lavocat vis-à-vis d'un » employé dont les malversations étaient si publiques, qu'el» les l'ont conduit sur les bancs de la Cour d'assises. »

» C'est là une noirceur insigne de la part de M. de Boullenois. Ce ne fut pas la notoriété, la clameur, une explosion bruyante de griefs qui perdirent Hourdequin : ce fut un hasard. Un vol fut commis dans un jeu de paume; il se trouva que le voleur avait été employé dans les bureaux de la Ville; ceux-ci donnèrent des notes détestables sur son compte, et il s'en vengea en dévoilant ce qu'il savait des désordres qui se passaient dans les bureaux de la Voirie.

» Même après cette révélation, Hourdequin resta au dessus du soupçon, et il y en a une curieuse preuve. La justice et l'administration nommèrent de concert une commission pour porter la lumière dans les faits, et Hourdequin en fit partie! Je lis dans la *Gazette des Tribunaux* du 10 novembre 1842 ces paroles de M. le président de la Cour d'assises :

« Hourdequin avait été désigné par M. le préfet pour faire » partie de la commission d'enquête. Je dois dire que la ré» putation de l'accusé était alors intacte. »

» Le premier acte de poursuite qui ait signalé Hourdequin comme suspect fut un coup de foudre; il fut arrêté dans son domicile, à sept heures du matin, le 31 janvier 1842. Pour le monde, pour le Préfet, pour le conseil municipal, la stupeur fut profonde; et quand on voit des hommes comme M. Hérard et M. Moreau, après une immense instruction qui avait amoncelé contre Hourdequin tous les indices, tenir bon en sa faveur jusqu'au verdict du jury, on s'explique comment M. Lavocat était en pleine sécurité sur son compte en novembre 1841, quand il ne planait encore aucun nuage sur le chef de bureau de la Voirie.

. . . .

» Reste la dernière accusation de M. de Boullenois. — « M. Lavocat, dit-il, a violé le secret du conseil municipal : » il a communiqué à Hourdequin ce qui s'y passait, et il y a » là un cas pendable ! »

. . . .

» Mais d'abord est-il bien sûr que M. Lavocat ait, en effet, communiqué ce jour-là avec Hourdequin ? Tous les journaux, y compris les feuilles judiciaires, disent que le propos si fort incriminé par M. de Boullenois se trouva écrit au dos d'un rapport au conseil municipal. Un seul journal, *le Siècle*, dit que c'était une note au crayon, que M. Lavocat fit passer à Hourdequin pendant la séance. Je crois la *Gazette des Tribunaux* mieux informée que *le Siècle*, qui d'ailleurs s'est rétracté le lendemain. J'ai même la preuve que ce fut sur un rapport au conseil municipal que la chose fut écrite, car je produis une lettre de M. le procureur général près la Cour royale de Paris qui l'atteste, et cette lettre a été délivrée sur les souvenirs très précis de M. l'avocat général Glandaz, qui occupa le fauteuil du ministère public dans le procès Hourdequin. Puisque le propos fut écrit au dos d'un rapport, qui est une pièce officielle destinée à séjourner éternellement au dossier, il est difficile de prétendre qu'il s'agissait là d'une connivence furtive avec Hourdequin.

» Entendons-nous, d'ailleurs, avec l'austérité de M. de Boullenois. Que les délibérations du conseil municipal soient secrètes, en ce sens qu'on n'y délibère pas sous les yeux des tribunes, comme à la Chambre des députés, cela est certain ; qu'elles soient secrètes toutes les fois que le secret est bon à quelque chose, rien de mieux ; mais que le secret soit toujours et dans tous les cas absolu, qu'on ne puisse jamais communiquer du conseil municipal au dehors sans violer un devoir de conscience, c'est ce que je nie. Par exemple il arrive tous les jours aux membres du conseil municipal de correspondre avec les bureaux de la Ville par des notes, par des billets, par des messages. Il en est de même avec les tiers quand le secret n'est d'aucun intérêt pour personne. Lorsque le conseil distribue les bourses dont il dispose pour l'éducation gratuite, il y a des parents, des amis, des mères, qui sont là aux abords et aux écoutes. Eh bien! il y a tel membre du conseil municipal qui n'a pas le cœur assez cuirassé pour prolonger cette anxiété de l'attente, et qui se permet de porter la joie au dehors en annonçant par un billet la bonne nouvelle.

» Aussi voyez le témoignage que M. Ganneron rend à M. Lavocat. Vous savez que M. Ganneron est vice-président du conseil municipal, et j'imagine que M. de Boullenois voudra bien reconnaître avec nous combien M. Ganneron est un homme grave et une grande autorité en toutes choses.

« Mon cher ami,

» J'ai lu avec attention les deux écrits que vous m'avez » adressés. Tout cela ne me paraît que malveillance et ca- » lomnie. Il y a sans doute des cas où le secret des délibé- » rations du conseil municipal est un devoir pour tout le » monde, et vous avez toujours accompli ce devoir autant » que tout autre; mais il arrive souvent à chacun de nous de » communiquer de l'intérieur du conseil municipal soit avec » les bureaux de la Ville, soit avec des tiers, dans des cir- » constances où le secret n'est d'aucune utilité pour per- » sonne. L'affaire des carrières était dans ce dernier cas, et » il faut être bien mal éclairé sur les faits pour avoir supposé » qu'il pût y avoir un concert frauduleux entre M. Hourde- » quin et vous.

» Je crois donc que de pareils écrits ne peuvent vous en- » lever l'estime des honnêtes gens; vous auriez bien fait de

» n'en tenir aucun compte. Je vous assure qu'ils n'altéreront
» pas l'amitié que je vous porte.

» Tout à vous,

» *Signé* H. GANNERON.

» Paris, le 29 novembre 1846. »

» Voilà ce que M. de Boullenois a su tirer de l'affaire Hourdequin dans son premier libelle.

» A la lecture de ces accusations haineuses, l'indignation de M. Lavocat fut grande; mais que faire? La brochure était partie de Paris le 27 juillet; elle était arrivée à Vouziers au plus tôt le 28; elle avait été distribuée le 29; il n'y avait donc plus que deux jours entre le libelle et les élections. Ces deux jours n'étaient rien; la justification de M. Lavocat était à Paris, au greffe de la Cour royale de Paris, au parquet, à l'Hôtel-de-Ville de Paris, à cent lieues de son impatience et de sa portée.

» Dans cette perplexité, M. Lavocat prit le témoignage de M. Mortimer-Ternaux, membre du conseil général de la Seine, qui était alors à Rethel, où sa candidature à la Chambre des députés l'avait appelé. M. Mortimer-Ternaux lut le libelle, et il écrivit immédiatement à M. Lavocat la lettre suivante :

» Mon cher ancien collègue,

» Vous me faites communiquer à Rethel, où je suis en ce
» moment, une brochure publiée contre votre candidature
» par un électeur de l'arrondissement de Vouziers. Dans cet
» écrit, un incident de l'affaire Hourdequin est présenté
» sous une couleur inexacte. Ayant eu l'honneur de siéger
» avec vous pendant sept années au conseil municipal de
» Paris, je viens tout spontanément, mon cher ancien collè-
» gue, témoigner de l'impression produite par cet incident

» dans le sein du conseil municipal, le meilleur appréciateur, » à coup sûr, des circonstances de cette affaire.

» La vérité est qu'elle n'y a soulevé aucune observation, » parce qu'il n'y en avait aucune à faire sur une circonstance » qui ne se rattachait point aux faits reprochés à Hourde- » quin. Après comme avant cette affaire, vous n'avez cessé » d'être entouré de l'estime et de l'affection de *tous* vos col- » lègues du conseil municipal, où vous avez laissé les meil- » leurs souvenirs.

» Si plus tard, à l'expiration de votre mandat, vos collè- » gues ont eu le chagrin de vous voir vous retirer *volontaire-* » *ment* du conseil municipal, ils vous ont vu avec un vif » plaisir appelé, peu après, par le suffrage de nos conci- » toyens, à servir encore les intérêts de la cité parisienne » comme colonel de la 12e légion de la garde nationale.

» Je ne veux pas terminer cette lettre sans vous renouve- » ler, mon cher collègue, les sentiments d'estime et d'amitié » que je vous ai voués depuis long-temps.

» M. TERNAUX,

» **Ancien député des Ardennes, membre du conseil municipal de Paris.** »

« Il paraît que cette lettre mordit au vif M. de Boullenois. A l'instant même il improvise un autre libelle, et cette fois il ajoute que M. Lavocat a été chassé du conseil municipal par les souvenirs que sa complicité avec Hourdequin y a laissés. Il affirme que M. Lavocat a abusé de sa qualité de conseiller municipal pour se faire allouer par la ville de Paris une indemnité exorbitante à l'occasion du terrain pris sur sa tannerie. Enfin il pousse la diffamation jusqu'au délire, en établissant je ne sais quel odieux rapport entre la grâce qui, en 1846, fit remise à Hourdequin de quelques mois qu'il avait encore à subir sur sa peine, et le grade de colonel de la 12e légion, dont M. Lavocat fut revêtu à cette époque, comme si M. Lavocat eût vendu son épée contre la grâce de son complice.

» Faut-il sérieusement défendre M. Lavocat de toutes ces ignominies ? L'indemnité pour le terrain pris sur sa tannerie ! Mais à cette époque M. Lavocat n'était pas membre du conseil municipal ; il ne l'a été que deux ans plus tard ; il ne connaissait pas Hourdequin, et il n'y avait pas la moindre raison pour que la Ville le traitât mieux qu'un autre. D'ailleurs, tous ceux qui ont trempé dans l'appréciation de cette indemnité sont parfaitement connus ; le dossier est dans les bureaux de la Ville, et il ne tenait qu'à M. de Boullenois d'inonder cette enceinte de témoins pour faire sa preuve. Il n'a seulement pas osé l'essayer ; jugez de ce que vaut sa calomnie.

» M. Lavocat n'a pas été réélu au conseil municipal sous le poids de sa complicité avec Hourdequin ! Mais s'il y a une chose plus difficile que d'être élu au conseil municipal, c'est apparemment d'obtenir cet insigne honneur pour un autre. Or M. Lavocat, député, directeur des Gobelins et colonel de la 12e légion, a trouvé qu'il y avait là assez d'occupations pour ses forces et pour son courage. Après douze ans passés dans le sein du Conseil municipal, à l'expiration de son mandat, il s'est abstenu de se mettre sur les rangs, mais il a présenté aux suffrages de ses concitoyens M. Méder, qui a été élu ; et voici comment M. Méder a la noblesse de le reconnaître :

« Paris, le 8 janvier 1847.

» Mon cher Lavocat,

» J'ai reçu la lettre que vous m'avez adressée, et je suis
» heureux que vous me fournissiez l'occasion de faire con-
» naître comment les choses se sont passées, lorsque j'ai été
» élu membre du Conseil général municipal de la Seine.

» Les longues et amicales relations qui existaient entre

» nous dès cette époque ne m'eussent pas permis de me mettre sur les rangs, si vous n'aviez préalablement déclaré de la manière la plus formelle que vous étiez dans l'intention de vous retirer.

» Il vous souvient sans doute que je suis allé chez vous plusieurs fois pour m'assurer de vos dispositions à l'égard de ma candidature, que vous avez bien voulu patroner, et je n'hésite pas à déclarer que c'est en grande partie à votre influence et à celle de M. Preschez, notre ami commun, que je dois la réussite d'une nomination en quelque sorte improvisée.

» Je saisis avec empressement, mon cher Lavocat, cette nouvelle occasion de vous offrir l'assurance de ma sincère amitié.

« Signé : Méder aîné. »

« Quant à la grâce du condamné, grâce qui devança seulement de quatre mois le terme légal de sa peine, je pourrais dire à quelle touchante et pure intercession elle fut accordée; mais en vérité je crois que je puis me dispenser d'effaroucher la pitié qui fit descendre cette consolation sur une famille navrée. Il est par trop certain que M. Lavocat ne fut pour rien dans cette affaire, et que M. de Boullenois en est réduit à rompre et à reculer sur cette accusation fabuleuse.

» J'ai maintenant à vous occuper d'une diffamation encore plus grave, de celle que M. de Boullenois a cherchée dans le procès de Fieschi.

» Vous vous rappelez, Messieurs, la catastrophe à laquelle Fieschi a attaché son nom.

» Le 28 juillet 1835, le roi traversait les rangs de la garde nationale, suivi des princes ses enfants, M. le duc d'Orléans, M. le duc de Nemours et M. le prince de Joinville, lorsque tout à coup la jalousie d'une croisée sur le boulevard se leva et démasqua vingt-cinq canons de fusils, puis on vit une traînée de flamme..... le roi eut encore le temps de dire, avec une sérénité héroïque : « Joinville, ceci est pour nous! » Puis une pluie de mitraille joncha de morts et de mourants toute la largeur du boulevard. En effet, c'était pour le roi et pour les siens! Le roi eut le front froissé par une balle ; une autre balle blessa son cheval à l'encolure. Deux balles rasèrent de près M. le duc de Nemours et M. le prince de Joinville, puisque leurs chevaux furent blessés, l'un au jarret, l'autre à la hanche.

» Quarante personnes payèrent de leur sang l'honneur d'être attachées à la personne du roi, ou l'empressement qui les amenait sur ses pas, ou le hasard qui leur assignait cette périlleuse place. Dix-neuf morts et vingt-un blessés restèrent sur le carreau.

» A quelque opinion qu'on appartienne, il faut reconnaître que celui-là montra un grand cœur qui fit halte dans ce carnage, compâtissant aux uns et rassurant les autres, sans savoir si une seconde explosion n'allait pas encore ensanglanter le pavé...., et qui, sans presser le pas, continua son métier de roi en poursuivant sa revue.

» Cependant l'assassin avait été pris sur le fait ; on l'avait trouvé noir de poudre, la tempe trouée par un éclat de sa machine infernale, dont trois canons avaient crevé, et aveuglé par son propre sang qui lui ruisselait dans les yeux. On aurait dit que ce sang le poursuivait ; ce fut sur sa piste qu'il fut arrêté. Dès les premiers mots il avoua des complices ; mais la fièvre et l'anéantissement éteignirent bientôt sa voix. Revenu à lui, entre les mains des chirurgiens, qui semblaient ne pouvoir que lui prolonger quelques jours un reste de vie, il refusait obstinément de nommer ses adhérents ; il fourvoyait toutes les recherches en se cachant sous le nom de Girard, et il paraissait que la mort allait bientôt l'aider à sceller ses lèvres et à garder son secret.

» Ce silence, cette obscurité, cet inconnu, ce fut peut-être le moment le plus terrible de nos orages civils. Quels étaient donc ces hommes désespérés qui ne reculaient pas devant de tels moyens, qui mitraillaient toute une foule pour atteindre le Roi et ses enfants, qui frappaient sans pitié en haut et en bas, un maréchal de France, une jeune fille de seize ans, afin qu'il y eût une balle pour le Roi parmi toutes ces balles perdues.

» Alors il arriva une chose qui se voit presque toujours dans ces grandes émotions de la France. De tous côtés, tout le monde, les plus obscurs citoyens, comme les préfets, tout le monde révéla au gouvernement des soupçons, des indices, des faits qui semblaient désigner comme complices de Girard des hommes compromis par des apparences trompeuses. M. le chancelier fit plus tard allusion à ces bruits, à ces révélations, à ces rumeurs, qui pouvaient égarer la justice et tomber sur des innocents; il dit dans les débats du procès :

» Lorsque la justice informe sur un pareil attentat, il im-» porte d'empêcher que les soupçons ne planent sur des in-» nocents. En pareille circonstance, les soupçons se propa-» gent aisément. »

» Un incident extraordinaire avait agrandi la défiance : peu de jours avant, la plupart des agitateurs que le gouvernement avait si souvent rencontrés les armes à la main dans la rue s'étaient évadés de prison en creusant une sape sous terre, et ils infestaient de nouveau les sociétés secrètes. D'autres indices pouvaient porter les conjectures du côté contraire. Par une fraude singulière, Fieschi avait laissé comme au hasard dans sa chambre un portrait d'Henri V.

» La soirée et la nuit du 28 juillet, la journée du 29, celles du 30, du 31, du 1er août, se passèrent dans ces angoisses. La justice allait peut-être céder aux rapports qui lui parvenaient, et faire des malheurs en mettant la main sur des têtes innocentes. Déjà même Armand Carrel était arrêté.... quand M. Dufresne, inspecteur général des prisons, reconnut dans le prétendu Girard la personne de Fieschi. On sut tout de suite que Fieschi professait un attachement passionné pour M. Lavocat, alors lieutenant colonel de la 12e légion, qui l'avait aidé et secouru dans sa misère. On espéra que ce naturel féroce s'amollirait au contact d'un homme de cœur, et la justice pria M. Lavocat de lui venir en aide.

Ici quelques explications sont nécessaires. Plusieurs années avant l'attentat, Fieschi avait été présenté à M. Lavocat par M. de Caunes comme un condamné politique de la Restauration. M. de Caunes est un homme sérieux; il avait été professeur de mathématiques de M. Lavocat, il était alors ingénieur des eaux de Paris : il n'y avait donc pas de raison pour douter que son protégé ne fût ce qu'il disait être. Il est d'ailleurs certain que Fieschi avait fait la campagne de Russie dans la grande armée; qu'il avait suivi le roi Murat dans sa périlleuse descente en Calabre, et qu'il avait été condamné à mort. Il n'en fallait pas tant pour toucher M. Lavocat.

» M. Lavocat, sorti de Saint-Cyr en 1813, avait fait ses débuts dans la rude campagne de 1814. Il aimait l'empire en sous-lieutenant; il accueillit donc avec bonté un soldat de Moscou; mieux que cela encore........ le dernier soldat de Murat. Fieschi lui emprunta de l'argent, M. Lavocat lui en donna; Fieschi lui servit d'éclaireur dans les sanglantes émeutes où M. Lavocat conduisit la légion qu'il avait l'honneur de commander; et comme Fieschi déploya toujours du sang-froid et du cœur, M. Lavocat lui témoigna de l'attachement. Ainsi relevé par une cordialité qui remuait ce qu'il y avait de bon en lui, Fieschi avait voué à M. Lavocat ce qu'il appelait un *dévoûment de Corse*. Il en a dit la raison à la Cour des pairs; il a dit en parlant de M. Lavocat : « Cet homme a » toujours la main ouverte pour rendre service »; et un peu plus tard, « quand il faut dégaîner pour venir en aide à » quelqu'un, c'est un homme qui tire l'épée et qui en jette le » fourreau au diable ».

» Néanmoins, Fieschi ayant demandé un jour à M. Lavocat de l'affilier à la police politique, où il se disait sûr de rendre de grands services, il en fut péremptoirement refusé. Le *Moniteur* atteste que M. Lavocat le lui a dit en face à la Cour des Pairs, et n'en a pas été démenti. Il y a plus, M. Lavocat finit par savoir que Fieschi avait été condamné pour vol par la Cour d'assises, et dès ce moment il rompit avec lui, en lui disant *d'aller se faire pendre ailleurs*. Je lis encore dans le *Moniteur* que M. Lavocat fit subir à l'orgueil de Fieschi le récit de cette rupture humiliante, et qu'il en convint.

» Cependant la Providence avait arrêté que ces deux hommes se reverraient. Le 3 août 1835, Fieschi réunit auprès de son lit, à la conciergerie, le Ministre de l'intérieur, le Procureur général du Roi près la Cour des pairs, le président de la Cour et le grand-référendaire; puis en présence de tous ces personnages et de M. Lavocat, cet homme étrange se souleva sur son lit, et dominant un moment ses souffrances aiguës : « Vous êtes, dit-il, les puissants de la terre, mais » à vous je ne dirai rien. M. Lavocat est venu me voir, je me » suis mis à pleurer; je suis reconnaissant de tout ce qu'il a » fait pour moi, je lui dirai tout ce que je sais. »

» Fallait-il se récuser? Fallait-il s'abstenir? Dans la terreur profonde, universelle, qui planait sur cette catastrophe, fallait-il laisser les soupçons s'égarer, et la France humiliée chercher avec douleur ses régicides? Fallait-il lâchement écouter ces menaces de mort qui assaillirent M. Lavocat dès que la lie des partis le vit ou le crut maître de la volonté de Fieschi? Fallait-il laisser la vie du Roi à la discrétion des assassins; et quand le secret de ces désespérés semblait enfin monter à la surface, fallait-il le refouler dans les profondeurs muettes de ce mourant? Fallait-il lui dire : « Non, Fieschi,

» ne me dites rien ; tant pis pour les gens de cœur de tous les » partis qui exècrent l'assassinat et qui vous désavouent ; le » secret de cette terrible contagion du régicide mourra avec » vous !.. »

Non, non, le devoir..., et la vie n'a de valeur que par lui, le devoir n'était pas dans ce facile égoïsme, dans cette abnégation pusillanime. Des hommes qui se connaissent en honneur, des magistrats, des généraux, des savants, qui sont l'orgueil de la France, ont été de cet avis. Voici ce que M. le Président de la Cour des Pairs a dit à M. Lavocat pendant les débats du procès :

« La franchise et la loyauté avec lesquelles vous vous êtes » exprimé doivent donner à la Cour pleine confiance dans la » véracité de votre déclaration ; mais, comme président, il est » de mon devoir de dire à la Cour que les faits rapportés par » vous sont de la plus grande exactitude. Vous n'avez rien » fait dans cette circonstance que je ne vous aie dicté et en » quelque sorte recommandé, puisque vous étiez le seul qui, » à raison de votre ancienne influence, pouviez faire parler » Fieschi. Vous avez servi la justice, la Cour en est pleine de » reconnaissance. J'ajouterai que telle était l'indignation gé» nérale, qu'il n'est pas un individu en France qui, ayant » connu Fieschi de près ou de loin, ne se soit hâté de me le » faire connaître, et qui ne m'ait parlé ou écrit pour savoir » si je voulais l'appeler et le mettre en rapport avec Fieschi. » La raison d'un tel empressement est facile à comprendre. » Lorsque la justice informe sur un pareil attentat, il importe » de faire jaillir de toutes parts la vérité, non seulement pour » découvrir les vrais coupables, mais encore pour empêcher » que les soupçons ne planent sur ceux qui sont innocents, et » l'on sait qu'en pareille circonstance les soupçons se propa» gent aisément.

» Je ne vous adresse pas ces paroles comme justification, » mais comme un témoignage d'estime personnelle et de con-

» sidération de la Cour ; c'est le sentiment général que j'ai
» exprimé. »

» Savez-vous comment M. de Boullenois se tire de ce mauvais pas? Cette allocution de M. le chancelier lui est fort amère, car M. de Boullenois est un raffiné qui trouvera de quoi déshonorer M. Lavocat, parce que sa destinée l'a appelé dans cette sinistre affaire. C'est, dit-il, une *politesse* que M. le président de la Cour des pairs a faite à M. Lavocat!... Vous comprenez la portée du mot. La politesse est une belle chose, mais très calomniée; elle passe généralement pour l'art de dire autre chose que ce qu'on pense, quelquefois même le contraire de ce qu'on pense. Il s'ensuit que la Cour des pairs a emmiellé d'un compliment un acte qu'au fond elle blâmait, comme si l'assemblée auguste qui remerciait M. Lavocat d'avoir pris part à l'œuvre de sa justice eût accepté légèrement sa solidarité à la face du monde.

» Au reste, permettez-moi de vous apprendre un fait qui n'est pas assez connu. M. de Boullenois veut faire entendre que les révélations qui ont coûté la vie à Pépin et à Morey ont été obtenues par M. Lavocat, et que l'échafaud lui doit deux têtes. Si cela était, il faudrait se souvenir que Pépin et Morey avaient joué une partie où l'échafaud était sans doute prévu ; il faudrait ne point oublier que ces hommes avaient enveloppé l'assassinat qu'ils voulaient dans quarante assassinats inévitables, et il me semble qu'il faudrait garder sa pitié pour une occasion meilleure. Mais deux raisons firent que M. Lavocat n'apprit rien, ou presque rien de Fieschi. Je prends la première dans la déposition que M. Lavocat fit à la Cour des pairs, et j'en extrais ces paroles :

« Un jour, dans ses révélations, Fieschi prononça des noms
» qui ne m'étaient pas inconnus. C'étaient les noms de mes
» anciens camarades, aujourd'hui mes ennemis politiques.
» Je dis alors : Halte-là, Fieschi! ne m'en dites pas davan-
» tage. Ces hommes m'ont fait beaucoup de mal, mais ils

» ont été mes amis. Je ne veux rien savoir, vous ferez ces » révélations à un autre qu'à moi. Ici mon rôle cesse. »

» Je n'ai rien voulu ôter à ce langage de ce qu'il a de simple et de grand. En effet, l'instruction constate, et le rapport de M. Portalis expose que M. Lavocat ferma la bouche à Fieschi sur ce chapitre.

*

Ensuite, il faut le dire, dans la scène théâtrale du 3 août 1835, Fieschi avait plus promis qu'il n'a tenu, et l'effusion qu'il joua en présence de M. Lavocat fut encore une fraude de cette nature astucieuse. La vérité est que Fieschi fut loin de tout dire à M. Lavocat. Voici le recueil complet des interrogatoires subis par Fieschi : on peut y voir que pendant trente-neuf jours encore il obscurcit les voies de la justice par des divagations calculées. Ce ne fut que le 11 septembre 1385 qu'il perdit Morey et Pépin, en les accablant du récit net et circonstancié de leur coopération au crime. Ce récit, il le fit directement au président de la Cour des Pairs, et il se décida à le faire, suivant toute apparence, parce qu'il finit par croire que Morey, d'accord avec Pépin, avait chargé trois canons de la machine infernale de façon à crever et à ensevelir avec lui le secret de ses complices.

» M. de Boullenois en convient lui-même dans son premier libelle, il dit, page 5 :

« Les révélations que Fieschi faisait à M. Lavocat étaient » insuffisantes, parce que Fieschi se contredisait à dessein. »

» Cela n'empêche pas M. de Boullenois d'ajouter quelques lignes plus bas :

« Autrefois, on infligeait la question à un accusé; mais, si » on a supprimé la question physique, il reste maintenant une » sorte de question morale, et nous savons tous quel nom on » donne, dans les prisons, à celui qui joue ce rôle... »

» Justice, messieurs les jurés, justice de ces outrages! Est-ce donc que la vie de M. Lavecat vaut si peu, que vous puissiez la laisser en proie à de telles injures? Certes, sans la surfaire et sans y mettre de jactance, cette vie compte quelques belles journées, qui devaient la protéger contre les libelles. M. Lavocat était à Waterloo, il y a reçu cinq coups de feu et un coup de baïonnette; et si, depuis, l'élection populaire l'a envoyé cinq fois à la chambre des députés, si elle l'a introduit au conseil municipal de la cité qui est le cœur de la France, si elle lui a enfin donné les épaulettes de colonel, c'est que le peuple lui a su gré du sang qu'il a versé à la frontière..... Pardon, pardon, M. de Boullenois; il n'y a rien de pareil dans votre vie, au moins que je sache : né dans la noblesse, et dans la plus pure, appuyé sur vos aïeux, qui vous ont transmis leur sang de Lucrèce en Lucrèce, vous ne savez guère ce que c'est qu'une charrette de blessés et un pansement aux ambulances; vous faites des libelles, c'est là votre plaisir, et vous ne marquez encore dans le pays que par ce mérite! Mais voici le moment venu où vos concitoyens vont choisir entre la vie de ce soldat et la vôtre, entre celle qui revendique les deux libelles, et celle qui a saigné sous les baïonnettes anglaises.

» J'ai tout dit sur les deux écrits incriminés.

» Un mot maintenant sur les raisons qu'on invoque pour leur excuse.

» La grande atténuation dont on couvre ces calomnies, c'est qu'elles ont été publiées dans l'atmosphère des élections et dans l'effervescence des partis. On veut que le candidat qui brigue la députation comparaisse pardevant le peuple, et laisse interroger sa vie sans murmure. A Dieu ne plaise que je le nie! Oui, quand on prétend à l'honneur de représenter son pays au parlement, on lui doit compte de sa vie entière, de sa vie publique et même de sa vie privée, car je n'admets pas qu'un malhonnête homme puisse, en pareil cas exiger le secret pour ses turpitudes. Demandez donc des explications sur tout ce qui vous semble être une tache; sommez le candidat de justifier ce qui vous paraît louche, obscur ou coupable; surtout posez à temps vos questions, et faites que le candidat puisse loyalement y répondre.

» Mais trancher d'avance tous les doutes contre l'accusé, résoudre toutes les questions contre lui, dénigrer et avilir à outrance, saisir dans les vieilles colomnies des partis une calomnie rétractée par ceux-là mêmes qui l'avaient les premiers essayée, la relever du mépris où la réparation faite solennellement par *le Siècle* l'avait reléguée, la prendre pour son compte, la ranimer, la réchauffer comme une vipère engourdie, et la glisser au cœur de l'accusé quand il est sans défense : voilà ce qu'a fait M. de Boullenois, car il ne s'est senti la bravoure de frapper qu'à l'heure où il a vu M. Lavocat irrévocablement séparé de ses armes. Alors il a triomphé, alors il a couru sus, alors il a dit à un vétéran de la députation qu'il avait volé une indemnité; à un membre du conseil municipal, qu'il avait sali ses mains par la concussion; à un soldat de Waterloo, qu'il avait été un suppôt de police! Odieuse embuscade que le tumulte des élections n'excuse pas, car il n'est pas dans la vie de circonstance qui dispense de la probité, et la lutte électorale n'autorise pas les coups de stylet plus qu'aucune autre!

» Vous savez maintenant, messieurs les jurés, tout ce qu'il faut savoir de notre querelle. Jugez-la en gens de cœur que vous êtes, et songez que, si vous ne faisiez pas réparation de ces offenses, l'offensé finirait par ne plus compter que sur lui-même. »

M. le Président. La parole est au défenseur de M. de Boullenois.

VII. — PLAIDOIRIE DE Me JULES FAVRE.

Me *Jules Favre* s'exprime en ces termes :

« Messieurs de la Cour et messieurs les jurés, si pour défendre M. de Boullenois j'avais le malheur de me lever devant des hommes capables de subir l'égarement des passions, et de substituer aux idées de la justice les entraînements de l'esprit de parti, je pourrais concevoir de sérieuses inquiétudes. Que signifient, en effet, Messieurs, l'éclat extraordinaire de cette solennité, l'indignation, les colères qui viennent, dans la bouche de mon adversaire, de revêtir une forme si brillante, mais si acerbe, si injurieuse et si impitoyable? Pourquoi ces efforts désespérés devant vous? Pourquoi ces sollicitations ardentes, qui depuis plusieurs semaines troublent la tranquillité du département? Pourquoi le chef du parquet nous honore-t-il aujourd'hui de sa présence, et vient-il ajouter à cette audience l'éclat de son rang et de son talent? Est-ce qu'il s'agit d'un de ces événements qui tiennent les destinées du pays en suspens, ou bien d'un de ces forfaits épouvantables qui jettent au sein des populations une terreur telle, que leur révélation judiciaire éveille profondément la curiosité publique, par l'espérance des plus émouvantes péripéties?

» Non, en aucune manière. Dans une lutte électorale, là où un candidat était appelé à s'expliquer, à subir les interpellations des électeurs, il est arrivé qu'un homme, que beaucoup d'entre vous connaissent, qui, malgré toutes les injures de l'adversaire, n'en restera pas moins honorable et pur, ne sacrifiant ses idées anciennes à aucun intérêt, ne faisant pas de la politique un instrument d'exploitation, ne courant pas après les places, les faveurs, les hochets de toute nature, un homme riche, un électeur, a fait imprimer une brochure dans laquelle il a adressé des questions au candidat; et ce candidat, vous verrez tout à l'heure comment il a répondu à ces questions; comment cet honneur, dont il se montre si jaloux, que (par l'organe de son avocat, il est vrai) il lui fait mettre la main sur la garde de son épée, et nous en laisse apercevoir la lame à demi tirée, a sommeillé bien longtemps. Ses vives susceptibilités ne lui ont pas conseillé de saisir le pays de cette sorte de duel moral dont vous serez aujourd'hui les juges souverains; non, il s'est tu. Je dis qu'il s'est tu; il s'est contenté de faire une réponse que tout à l'heure nous apprécierons. L'électeur a riposté le jour du second tour de scrutin, alors que le candidat, étant perdu, battait tout l'arrondissement pour trouver des dévoûments assurés. N'ayant pas de réponse satisfaisante à faire aux interpellations dont il était l'objet, afin de s'assurer la victoire qui était indécise, il a jeté, au milieu du champ de bataille, la menace d'une plainte.

» Voilà, Messieurs, comment ce débat s'est trouvé engagé.

» Et vraiment si M. Lavocat, qui vient de vous faire présenter avec tant d'éloquence son panégyrique, était fort de son passé et de la notoriété qui peut entourer ses actes, je m'étonnerais qu'il eût fait autour de lui tant de fracas, alors que son langage devrait être de la dernière simplicité.

» Les questions d'honneur n'ont pas besoin de cet étalage et de cette mise en scène. M. Lavocat n'avait qu'à descendre dans le prétoire, à y découvrir sa poitrine, à s'exposer aux coups de tous, à négliger les formes et les commodités de la procédure, et à vous dire : Voilà ce dont je suis accusé; jugez mon honneur et vengez-moi !

» Au lieu de cela, vous avez entendu les longues dissertations au milieu desquelles on s'est engagé avec un art si habile, que, pour la première fois depuis que j'ai l'honneur de remplir le ministère d'avocat au pied de la justice, j'ai entendu plaider un procès de diffamation sans qu'on mît sous ses yeux l'écrit qui était incriminé.

» Mon adversaire a disséqué cet écrit avec une adresse infinie; il en a pris ce qui lui a paru le plus venimeux, pour me servir de cette expression, qu'il affectionne. Mais quant à l'écrit lui-même, dans son ensemble, dans son contexte, avec ce qu'il contient de loyal et d'honnête, mon adversaire ne vous en a rien dit, et il a fait, à côté de cet écrit, une défense qui supposait à M. de Boullenois des intentions qu'il n'a jamais eues, des paroles qu'il n'a jamais prononcées, des écrits qu'il n'a jamais signés; parce que mon adversaire savait à merveille que si vous aviez lu ces écrits vous auriez vu la loyauté la plus entière éclater d'un bout à l'autre. Alors, préférant chercher à vous faire illusion, essayant de rattacher la plainte de M. Lavocat à des insinuations perfides, il a fait un procès à côté d'un procès, en vous dissimulant avec soin tout ce qui était favorable à M. de Boullenois; et puis, en dehors même de ce travail si habile, M. Lavocat ne ménage aucune espèce de ressource : vous le voyez, payant de sa personne à l'audience, s'envelopper dans la haute dignité dont il est revêtu, afin de bien faire comprendre que, dans une position si élevée, il doit être invulnérable, et que, si son honneur est attaqué, c'est un devoir pour vous de le venger.

» M. Lavocat appartient, j'ai le droit de le dire, à cette famille de personnages politiques qui sont glorieux de leurs succès, et qui savent en tirer un très habile parti; qui, dans leur carrière, se sont élevés successivement aux emplois les plus désirés, et qui cependant ont quelquefois aussi, vis-à-vis de l'élection populaire, rencontré des échecs inattendus.

» M. Lavocat s'est fait auprès des jurés un mérite de toutes ces circonstances, de ses victoires, même de ses défaites; son dévoûment à tous les ministères est de notoriété publique, et M. Lavocat, dans le délire de sa vanité, va, dans les écrits qui passeront tout à l'heure sous vos yeux, jusqu'à dire que sa cause est celle du pays tout entier; qu'elle est liée à la monarchie, que le chef de l'état a les yeux ouverts sur votre délibération. Vous croyez que je rêve... tout à l'heure je justifierai ces paroles. Et c'est ainsi qu'on cherche à vous arracher un verdict qui serait impossible si la cause était réduite à sa simplicité, si vous en connaissiez les premiers éléments, si vous saviez ce que je vais vous apprendre, que M. de Boullenois n'a jamais entendu, comme l'a dit mon adversaire, percer le cœur de M. Lavocat, mais qu'il a voulu obtenir de lui, à ce moment solennel où un candidat doit et peut être interrogé, des explications catégoriques sur des faits qui avaient rempli le monde politique, dont la presse s'était occupée, et qui étaient d'une vulgarité telle, qu'il a fallu toutes les préoccupations de mon adversaire pour croire que M. de Boullenois s'en était emparé le premier. Mais aller jusqu'à dire que M. de Boullenois se soit posé comme l'adversaire impitoyable et systématique de M. Lavocat, et que, pour me servir de ce langage pittoresque, mais si exagéré, qui appartient à mon adversaire, il ait voulu l'égorger, l'assassiner, car je ne sais de quelle sanglante métaphore mon adversaire s'est servi pour fausser sa pensée, c'est abuser de l'hyperbole. M. de Boullenois n'a voulu qu'une chose : obtenir de M. Lavocat des explications satisfaisantes et catégoriques sur des faits qui étaient dans le domaine public, et desquels chacun s'entretenait.

» Du reste, messieurs les jurés, si je n'étais rassuré par votre caractère, par l'impossibilité où je sais que M. Lavocat se trouve d'égarer vos consciences, certes, la position de celui que je défends devant vous, son passé, ses habitudes, seraient pour moi une suffisante garantie. Quelle que soit la valeur des épigrammes de mon adversaire, qui sont tellement fines, que quelquefois elles passent à côté du but sans qu'on sache où elles vont, M. de Boullenois restera ce qu'il est, un homme honorable et pur, vivant des affections de famille, de distractions scientifiques, et n'ayant jamais ployé le genou devant aucun pouvoir dans un but d'intérêt personnel.

» M. de Boullenois ne connaît pas M. Lavocat, il ne l'a jamais heurté dans cette carrière de compétitions ambitieuses que M. Lavocat a parcourue avec tant de succès personnels depuis quinze années.

» M. de Boullenois vit heureux de son indépendance, de l'obscurité dont je le félicite d'être fier par le temps où nous vivons; seulement il lui est arrivé, au jour de l'élection, de se ressouvenir qu'il était citoyen. Il savait que M. Lavocat se présentait à Vouziers concurremment avec l'honorable M. Ladoucette; il a voulu obtenir de lui des explications sur les faits vers lesquels déjà j'ai appelé votre attention, et c'est alors qu'il a publié l'écrit qui doit vous être connu pour que vous puissiez le juger. Etait-ce, de la part de M. de Boullenois, l'exercice d'un droit exclusif? Non; mon adversaire a été forcé de le reconnaître, et, en terminant sa très-habile plaidoirie, il s'est placé sous l'égide des souvenirs de la Constituante; il a dit que pour lui la liberté était une divinité, et qu'à l'heure qu'il est, en demandant des condamnations contre celui qui avait cru à son règne, il lui avait rendu un public hommage.

» Vous voulez de la liberté pour vous et les vôtres; mais quand la contradiction vous gêne, quand vous êtes arrivé au grand jour de l'élection, et que la parole expire sur vos lèvres parce qu'il n'y a personne qui puisse vous justifier, vous entendez la liberté en ce sens que celui qui en a usé doit être traduit devant la Cour d'assises, et condamné comme diffamateur!

» Vous voyez bien que si vous énoncez des principes libéraux vous les appliquez fort mal, et que cette liberté dont vous parliez tout à l'heure, loin d'exiger cet holocauste et ces menaces, doit admettre de la manière la plus complète la discussion entre l'électeur et le candidat.

» Nous ne sommes pas encore arrivés, quoi qu'on fasse, à cet état d'abâtardissement où la suprématie d'argent domine tout. Il y en a qui voudraient nous conduire à une pareille situation; mais tant qu'elle ne sera pas officielle, les hommes honnêtes et courageux auront le droit de lever la tête, et de revendiquer le légitime exercice du droit qui appartient à tous.

» Eh bien! qu'a fait M. de Boullenois? M. Lavocat se présentait pour être nommé député; il n'a rien affirmé; il lui a dit: Voici telles ou telles circonstances de votre vie publique; elles ont fait beaucoup de bruit, on s'en est occupé pendant plusieurs années: ce que je vous demande, afin de savoir si je puis, comme électeur, vous envoyer à la Chambre, c'est que vous veuillez bien faire connaître quelle a été votre participation à ces différents actes, et quelles ont été les raisons qui vous ont déterminé à adopter telle ou telle ligne de conduite. Voilà quel a été le droit exercé par M. de Boullenois.

» On ne saurait rien trouver de plus respectable; et quant à la manière dont ce droit a été exercé, est-ce qu'il y a eu de la part de M. de Boullenois une témérité répréhensible? Est-ce que la réputation de M. Lavocat était à ce point immaculée, qu'il fût impossible de prononcer un mot contenant un soupçon quelconque contre lui sans être traité d'audacieux calomniateur?

» M. de Boullenois n'a fait autre chose que répéter sous une forme dubitative ce qui, avant lui, avait été écrit partout, imprimé dans tous les journaux sous la forme la plus affirmative du monde. Je pourrais multiplier à satiété les exemples, et vous faire voir que M. de Boullenois, qui n'est traduit que pour avoir critiqué la conduite de M. Lavocat relativement à l'affaire Fieschi et à l'affaire Hourdequin, avait puisé ses renseignements dans les journaux qui ont été imprimés bien avant sa brochure, et que jamais M. Lavocat n'a songé à attaquer.

» Voulez-vous que je mette sous vos yeux un passage du *Courrier français* du 23 juillet 1846? (La brochure de M. de Boullenois est du 27.)

« M. Lavocat avait à peine vingt ans, lorsqu'en 1814 la » trahison livra Paris aux armes de la coalition. Il servait à » cette époque dans la jeune garde, et en était à son début » dans la carrière militaire. Le licenciement le jeta parmi » les mécontents. Deux fois, sous la Restauration, il fut con- » damné à mort par contumace : d'abord par la Cour des » pairs, pour avoir pris part à la conspiration militaire du » 19 août 1820; puis, en 1824, par la Cour d'assises de la » Seine, pour avoir pris part à un complot contre la sûreté » de l'état.

» M. Lavocat, qui s'était expatrié, sollicita sa grâce; elle » lui fut accordée sur le rapport de M. de Peyronnet. En » 1830, on ne le vit point au nombre des combattants, mais » il se montra parmi les triomphateurs, ce qui lui valut d'être » nommé membre de la commission des récompenses. Il fut » un des mille aides-de-camp volontaires de Lafayette, qui le » fit lieutenant-colonel de la douzième légion de la garde na- » tionale de Paris. M. Lavocat se donna alors beaucoup de » mouvement sans aucun but d'utilité publique. Son pen- » chant le portait vers les honneurs et les emplois. M. Lavo- » cat les rechercha avec une incroyable ardeur, et, pour y » arriver, il se hâta d'abjurer les principes que jusque alors » il avait professés, et de se faire le partisan et l'instrument » aveugle du nouveau pouvoir. »

» Je pourrais m'arrêter là, et demander à M. Lavocat, qui a montré devant vous un honneur si jaloux, qui vient vous dire que, vétéran de la grande armée, il ne peut un instant supporter l'injure, et que, si vous ne mettez un terme au débordement de personnalités dont il est l'objet, l'impatience qu'il en éprouve pourrait amener un résultat sanglant, pourquoi lui, qui s'est montré si vif, si impétueux vis-à-vis de M. de Boullenois, et lui a fait un procès devant la Cour d'assises, pourquoi il a respecté l'écrivain qui a tracé les lignes que je viens de lire, lignes qui, à coup sûr, sont bien autrement accusatrices et diffamatoires, si la diffamation était possible en pareil cas, que l'écrit de M. de Boullenois ! Car enfin que dit-on ? Que M. Lavocat a renié ses anciens principes dans un but de lucre personnel, que son penchant le portait vers les honneurs, qu'il les a recherchés avec une incroyable ardeur, et qu'il s'est hâté, pour y arriver, d'abjurer les principes que jusque alors il avait professés ; et, pour se justifier de pareilles accusations, est-ce que M. de Boullenois, qui les avait répétées, aurait besoin de remplir notre prétoire de témoins ? Du tout.

» Depuis quinze ans, qu'a fait M. Lavocat, autre chose que de fatiguer tous les pouvoirs, et jusqu'au pouvoir souverain du peuple, de ses sollicitations ? N'a-t-il pas fait dans la Légion-d'Honneur de ces pas rapides qui ne s'expliquent que par les faveurs des courtisans ? Et, comblé autant qu'il est possible, ne l'a-t-on pas vu aller encore chercher de nouveaux emplois et de nouvelles places ? Et quand on rapproche cette conduite actuelle de M. Lavocat avec son passé, est-ce qu'on n'est pas étonné de trouver l'ancien conspirateur dans cette carrière où, à coup sûr, on ne s'attendait pas à le rencontrer !

» Cependant M. de Boullenois n'a rien dit de semblable ; mais le journaliste ajoute :

« Ce zèle trop visiblement intéressé de M. Lavocat le mit » dans une malheureuse évidence. Il lui valut successivement la croix de chevalier, d'officier et de commandeur de » la Légion-d'Honneur, et la direction de l'administration » des Gobelins.

» En 1834, M. Lavocat, espérant faire illusion sur son im-
» portance aux personnes qui ne pouvaient le connaître que
» de loin et très imparfaitement, se mit sur les rangs pour la
» députation, et il fut élu à Vouziers.

» Automate parlementaire, il a toujours voté toutes les
» mesures liberticides, toutes les dilapidations ministérielles.
» Lorsqu'il s'est agi de consacrer le concours sans condition
» pour le vote de la chambre, le ministère l'a trouvé aussi
» obéissant que de coutume. — Menacé aux dernières élec-
» tions de ne pas voir renouveler son mandat, M. Lavocat
» fit usage de tous les moyens d'influence que sa qualité de
» courtisan mettait à sa disposition : captation, immoralité,
» intimidation, tels furent les griefs élevés contre son élec-
» tion dans une protestation signée par un grand nombre
» d'électeurs. A la suite de l'affaire Fieschi, dans laquelle il
» joua, comme on sait, le rôle de confesseur officieux, M.
» Lavocat eut à se justifier d'une telle conduite devant les
» électeurs de la douzième légion, dont il était lieutenant-
» colonel.

» Le résultat de cette justification fut que M. Lavocat ne
» put obtenir même la dernière place sur la liste des dix
» candidats aux grades de colonel et lieutenant-colonel. »

» Que voulez-vous de plus? il est assurément impossible de dire en moins de mots quelque chose de plus fâcheux pour la moralité d'un homme qui se trouve dans la situation de M. Lavocat. Le voilà confesseur officieux de Fieschi ; il a eu à se justifier d'une telle conduite devant les électeurs de la douzième légion, et le résultat de cette justification fut qu'il ne put obtenir la dernière place sur la liste des dix candidats au grade de lieutenant-colonel.....

» Est-ce que vos électeurs de la garde nationale ne vous ont point jugé ? Ils n'ont point eu cette courtoisie de paroles qu'on retrouve dans l'allocution de M. le chancelier à la Cour des pairs, ils vous ont tout simplement exclu du grade qu'ils ne vous ont pas trouvé digne de recevoir ; voilà ce qu'ils ont fait, après les explications que vous leur avez données sur l'affaire Fieschi. Et le journaliste ajoute :

« Il y a quatre ans à peine, un procès trop célèbre dévoila » les scandales de l'administration de la ville. Inutile de rap- » peler comment le nom de M. Lavocat fut mêlé à cette affaire » déplorable. Qui ne connaît cette particularité de la vie de » M. Lavocat? Qui ne se souvient qu'elle lui valut encore » une marque éclatante de désapprobation dans le sein du » collége électoral du douzième arrondissement ? A l'expira- » tion de son mandat de membre du conseil général de la » Seine, M. Lavocat ne crut pas devoir se présenter de nou- » veau, mais il insista vivement pour être placé sur la liste » des douze candidats aux fonctions de maire et adjoints; » c'était, selon sa propre expression, une récompense à la- » quelle il attachait le plus grand prix. Le collége fit justice, » le nom de M. Lavocat ne fut pas porté sur le bulletin. »

» Après l'affaire Fieschi, M. Lavocat perd son grade dans la garde nationale, il ne peut pas faire glisser son nom sur la liste. Après l'affaire Hourdequin, sentant qu'il ne serait pas réélu membre du conseil municipal, il ne se présente pas, et pour cela il faut qu'il sache qu'il n'y a aucune chance pour lui.

» Mais en même temps il sollicite, et avec une ardeur désespérée, qu'on veuille bien, comme un témoignage d'estime et comme une sorte de consolation, le placer sur la liste des maires, et le collége en fait justice : le nom de M. Lavocat n'est pas même porté sur la liste.

» Le journal ajoute :

« M. Lavocat, qui ne manque pas d'une certaine adresse, » avait pu, don Juan politique au petit pied, laisser croire » également au ministère et à l'opposition que son vote leur » était acquis ; mais la disposition réglementaire, établissant » le scrutin de division, a rendu toute ambiguïté impossible.

» Soit dans l'ombre, lorsqu'il avait la ressource d'un double » jeu, soit lorsqu'il n'y eut plus moyen de dissimuler, M. La- » vocat n'a jamais manqué de témoigner par son vote de » sa subordination absolue, non pas au gouvernement, mais » au ministère; il s'est cliché, pour ainsi dire, dans l'inamo- » vible majorité *pritchardiste*.

» Cependant, pour être juste, nous devons dire qu'une » seule fois il eu le courage de voter contre la presque una- » nimité de la Chambre; mais il s'agissait alors de la dimi- » nution de l'impôt sur le sel, et M. Lavocat, qui est censé » représenter un arrondissement essentiellement agricole, » fut au nombre des dix-neuf qui s'opposèrent à toute réduc- » tion favorable au développement de l'agriculture!

» Si M. Lavocat est aujourd'hui colonel de la 12e légion, » ce n'est pas par le vœu des gardes nationaux qu'il com- » mande; M. Lavocat n'était que le septième sur la liste, et » sa nomination parut tellement scandaleuse, que, dans un » autre arrondissement, le 4e, un grand nombre d'électeurs, » voyant que c'était un parti pris par le ministère de ne te- » nir aucun compte de l'expression réelle du vœu de la ma- » jorité, ne voulut plus prendre part à un vote par bulletins » de liste.

» M. Lavocat est un homme trop positif pour s'en tenir à » de stériles distinctions, qui, de notre temps, ne peuvent, » pour personne, remplacer une juste considération. Il put » convoiter le hochet d'un ruban : M. Lavocat se crut bien » mieux inspiré lorsqu'il se fit adjuger une très large part » sur le prêt qui, après la Révolution de Juillet, fut fait au » commerce par le Trésor.

» Nous demandons formellement si M. Lavocat a rem- » boursé cette somme : nous demandons s'il en a au moins » payé les intérêts. »

» Eh bien! Messieurs, qu'y a-t-il dans un semblable arti- cle? Il y a une expression de la pensée indépendante d'un journaliste, qui n'a point été attaqué par M. Lavocat. Il a connu cet article, il a connu surtout la biographie que voici, qui a été répandue à profusion, au moment des élections, qui a été distribuée partout, et qui contient une galerie de tous les députés; ces portraits sont extraits de différents articles du *National!* Le journaliste s'exprime dans les mêmes termes:

« On connaît le rôle étrange qu'il a joué dans l'affaire » Fieschi. Que s'est-il passé entre l'auteur de la nouvelle » machine infernale et l'officieux député? C'est un mystère » qui n'a pu être pénétré; seulement on a remarqué qu'au » moment de monter sur l'échafaud, cet homme, dont l'au- » dace ne s'était pas démentie, promenait des regards in- » quiets sur ceux qui l'entouraient, et semblait attendre » quelqu'un. Il faut croire que ce rôle de confesseur de Fies- » n'a pas convenu à la 12e légion, car aux élections suivan- » tes M. Lavocat fut exclu de la liste des candidats pour le » grade de colonel et de lieutenant-colonel.

» On n'a pas oublié l'incident de l'affaire Hourdequin. » Dans le procès criminel intenté à cet employé de la ville, » qui fut condamné pour malversation par arrêt de la Cour » d'assises de la Seine, l'instruction découvrit au domicile » de l'accusé une note émanée d'un membre du conseil gé- » néral, et dans laquelle on avertissait M. Hourdequin, non » seulement du vote de l'assemblée, mais encore de l'opinion » de chacun des votants. On allait même jusqu'à donner la » physionomie de la séance, et on y trouvait, par exemple, » cette phrase pittoresque : *Galis hurle sur cette question.* Le » président de la Cour d'assises s'éleva avec autant d'énergie » que de raison contre une pareille indiscrétion, aussi cou- » pable dans son principe que funeste dans ses résultats. Or » cette note était de M. Lavocat, qui avait des relations inti- » mes avec Hourdequin. Cette révélation fit une sensation » profonde dans le 12e arrondissement, que M. Lavocat re- » présentait au conseil. Serait-ce par hasard ce motif qui dé- » termina M. Lavocat à se retirer aux élections suivantes, à » l'expiration de son mandat? Dans tous les cas, lorsque le

» 12e arrondissement fut appelé à former la liste de douze
» candidats pour les fonctions de maire et adjoints, M. La-
» vocat ne fut pas même porté sur ce bulletin de liste, quoi
» qu'il eût fait les plus vives instances dans l'assemblée pré-
» paratoire, et réclamé son inscription comme une juste ré-
» compense de ses services. »

» Suivant moi, ces documents sont décisifs, et je pourrais m'arrêter là, en vous faisant observer que l'adversaire a singulièrement dénaturé la cause, quand il vous a dit que l'honneur de M. Lavocat était seul en jeu; que, si votre verdict était favorable à M. de Boullenois, M. Lavocat verrait sa carrière à jamais compromise, et que vous ne voudriez pas lui faire cette injure. J'en demande pardon à mon adversaire; par une préoccupation pardonnable à son zèle, il n'a vu qu'un des côtés de la question, et le moins important sans doute : vous êtes appelés, s'il a été l'objet d'une diffamation, à venger l'honneur de M. Lavocat; mais la question première qui vous est soumise, celle sans laquelle la seconde ne subsiste pas, c'est la question de savoir si M. de Boullenois est ou non coupable. Vous avez à juger un homme qui est égal devant Dieu, mais qui aujourd'hui vous appartient, puisque vous êtes élevés à la puissance judiciaire; et pour que vous fassiez tomber sur sa tête un verdict de condamnation, ce n'est point assez des sollicitations de M. Lavocat, de ses prières ardentes et désespérées, faisant appel à ce qu'il y a de plus intime et de plus violent dans la nature humaine; il faut encore que vous soyez convaincus, par des raisons fortes comme l'évidence, brillantes et nettes comme la lumière du soleil, que M. de Boullenois a voulu lâchement porter atteinte à l'honneur et à la considération de M. Lavocat; et, avec les documents que je vous ai présentés, il est impossible que vous résolviez la question contre lui.

» En effet, veuillez remarquer la situation de M. de Boullenois : des articles terribles étaient publiés contre M. Lavocat par toute la presse parisienne. M. Lavocat était accusé, dans l'affaire Fieschi, d'être descendu auprès du lit d'un mourant pour lui arracher des lambeaux de cette vérité suspecte qui ne sortait (mon adversaire l'a dit) que d'une âme de boue et de sang, d'avoir recueilli ce secret pour le livrer à la justice et pour favoriser son avancement personnel.

» Il était également accusé, dans une autre affaire célèbre, d'avoir pactisé avec le principal accusé, d'avoir violé à son profit le secret des délibérations du Conseil municipal, et d'avoir, par forme de facétie, sali sa plume d'une indigne plaisanterie, que tout l'esprit de mon adversaire n'a pas réhabilitée; et M. Lavocat se taisait, il était sous le poids des articles des journaux, il faisait ses visites dans l'arrondissement de Vouziers, serrant la main des électeurs! Quant aux articles des journaux, il n'en disait rien. Eh bien! est-ce qu'un homme jaloux de la dignité parlementaire pouvait souffrir de telles choses? Est-ce que ce n'était pas rendre un service à M. Lavocat que de lui dire: Mais votre honneur est mis en lambeaux! vous voyez de quels faits vous êtes accusé, et vous ne répondez pas! Et devant les électeurs qui vont vous juger par le scrutin, vous ne donneriez pas des explications! Non, il n'en sera pas ainsi! et moi, fraction obscure de ce corps, dont vous recherchez la faveur à deux genoux, je prétends mettre en lumière ces faits que vous voulez ensevelir dans les ténèbres, et vous demander les renseignements que vous paraissez vouloir garder pour vous-même.

» Telle a été la conduite de M. de Boullenois, et vous allez voir que sa brochure ne saurait recevoir d'autre interprétation, qu'on n'y trouve aucune de ces formes si blessantes que vous avez lues dans les journaux, que M. Lavocat a acceptées; et il s'est bien gardé de poursuivre les auteurs en diffamation, parce qu'il savait qu'ils auraient été acquittés.

» Vous allez voir avec quelle bonne foi, qui a été travestie par mon adversaire, M. de Boullenois procède; il n'imite pas les journaux qui affirment l'accusation, il va aux sources; il n'omet pas les choses qui pourraient être favorables à M. Lavocat, il attend paisiblement la réponse.

Ecoutez, c'est une fatigue que je dois vous imposer; mais vous êtes ici, Messieurs, les hommes de la justice, et vous devez nous permettre de remplir notre devoir jusqu'au bout; il est indispensable que je lise tout entier cet écrit pour vous faire comprendre simplement, sans arrière-pensée, quelles ont été les intentions de M. de Boullenois, et je pourrai m'arrêter après cette lecture, car il serait impossible qu'elle vous laissât le moindre doute sur son innocence :

« AUX ELECTEURS DE L'ARRONDISSEMENT DE VOUZIERS, SUR LA CANDIDATURE DE M. LAVOCAT. »

« Je soussigné, Charles-Auguste-Ernest de Boullenois, ai cru qu'il était de mon devoir, comme de celui de tout homme de bien, de rendre publics des faits qui peuvent éclairer et intéresser au plus haut degré les électeurs dans le choix qu'ils vont faire aux prochaines élections, afin que personne ne puisse prétexter cause d'ignorance.

» Ces faits m'ont paru graves, et ce n'est qu'après un examen consciencieux que je me suis décidé à les livrer à la publicité.

» Dans les recherches que j'ai faites, j'ai retranché les actes de la vie privée.

» Il était facile de faire signer cette circulaire par des personnes occupant de hautes positions à Paris; mais, ayant l'avantage d'être connu de beaucoup d'électeurs, j'ai pensé qu'il était préférable que j'y misse ma signature; car on ajoutera foi à mes paroles, et cela évitera la peine de faire des recherches. Du reste, j'assume sur moi toute la responsabilité de ce que j'avance.

» En rendant publics différents actes de la vie politique de M. Lavocat, je sais que je me crée des ennemis; mais ceux-là ont toujours voulu leur intérêt personnel et jamais le bien général..... Et qu'importe! toutes les fois qu'il s'agira d'être utile à mon pays, je ne craindrai jamais de me placer sur la brèche.

INTRODUCTION.

» M. Lavocat a voté l'indemnité Pritchard, missionnaire protestant et pharmacien.

» M. Lavocat a voté contre la diminution de l'impôt sur le sel, le 25 avril 1846. Je certifie ce vote; il n'y a que des personnes de mauvaise foi qui pourraient soutenir le contraire, car ce vote est public.

AFFAIRE FIESCHI.

» Tout le monde a lu le procès Fieschi, et il semblerait au premier abord qu'en le citant de nouveau c'est aller chercher les choses de bien loin, puisque cet attentat a eu lieu en 1835; cependant l'esprit était tellement occupé du principal acteur, que plusieurs faits secondaires ont dû nécessairement échapper dans le premier moment, et il sera peut-être intéressant pour tous de connaître quelques particularités tirées du rapport fait à la chambre des pairs par M. le comte Portalis.

» Fieschi avait été employé par la police : le rapport de M. Portalis ne laisse aucun doute à cet égard, et même, dans plusieurs endroits, M. le rapporteur cite avec éloge les services que Fieschi avait rendus à cette administration. M. Lavocat ne pouvait pas ignorer cette position de Fieschi vis-à-vis le préfet de police; effectivement, nous lisons dans ce rapport : « Fieschi était assez avant dans plusieurs sociétés républicaines....., etc. » Mais M. Lavocat lui ayant fait des observations..., etc., aussitôt (Fieschi) » les prit en horreur, et ne resta dans leurs rangs que pour savoir ce qu'ils » méditaient... A chaque émeute, Fieschi était toujours un des premiers à » venir offrir ses services à M. Lavocat...... »

» Il informait aussi M. Lavocat de ce qui se passait dans les clubs. M. Lavocat savait donc à l'avance quand il devait y avoir une émeute. Il était cependant du devoir de tous d'empêcher les réunions clandestines plutôt que d'avoir à combattre ces hommes égarés et à répandre le sang de concitoyens.

» Comme tout le monde le sait, Fieschi, dans le principe, cachait son » véritable nom, et se faisait appeler Girard. L'inspecteur général des pri» sons reconnut en lui Fieschi.

« Ce fonctionnaire désigna plusieurs personnes qui pouvaient également » le reconnaître, et entre autres M. Lavocat.... C'était à lui qu'il était ré» servé de changer les dispositions de l'inculpé, de vaincre son obstination » et de triompher de son silence. »

» Il faut convenir que, si c'est la première fois que M. Lavocat se chargeait d'une pareille mission, il y a montré un grand talent.

« On ne perdit pas un instant, et, le 2 août, M. Lavocat fut introduit » près du lit de Girard, en présence d'un juge d'instruction. Il l'appela du » nom de Fieschi; Girard simula la surprise et feignit de ne pas savoir qui » lui parlait; il lui demanda même avec une naïveté apparente s'il était de » Lodève. M. Lavocat, rappelant alors à Fieschi l'intérêt qu'il lui avait au-

» trefois témoigné, se plaignit d'être méconnu au moment où il lui don-
» nait une nouvelle et si sensible preuve de cet ancien intérêt. »

» Voici une autre version qui explique la manière dont M. Lavocat fut introduit près de Fieschi :

« *Constitutionnel*, 5 août 1835 :

« On raconte que l'auteur de l'attentat, en achetant les objets nécessai-
» res à son projet, n'avait point donné le nom de Girard, mais celui de
» Fieschi. On se souvint que M. Lavocat avait eu un domestique de ce nom.
» M. Gisquet se rendit chez M. Lavocat, et, après une conversation indiffé-
» rente en apparence, M. Gisquet aurait dit à M. Lavocat qu'il le quittait
» pour aller interroger Girard. M. Lavocat pria M. le préfet de police de
» lui fournir les moyens de voir cet homme ; M. Gisquet eut l'air de rési-
» ster, et céda, en lui donnant un ordre à porter pendant qu'il procéderait
» à son interrogatoire. »

» Le journal qui publie ce fait ajoute :

« Les choses se passèrent comme il était facile de le prévoir ; dès qu'il
» eut aperçu le prétendu Girard, M. Lavocat aurait dit à M. Gisquet :

« Vous êtes dans l'erreur sur le nom de cet individu ; ce n'est pas Girard,
» c'est Fieschi qu'il se nomme. » — De son côté, ce dernier, entendant la
» confidence de son ancien maître, se serait écrié : « Je suis perdu ! »

» La justice employait tous les moyens pour faire parler Fieschi. Les révélations qu'il faisait à M. Lavocat étaient insuffisantes, parce que Fieschi se contredisait à dessein. On eut recours à un ancien directeur de prisons, qui avait connu Fieschi :

» M. Bouvier, ancien directeur de la maison centrale de détention
» d'Embrun, était venu à Paris. M. le président jugea qu'il pouvait être
» utile à la manifestation de la vérité qu'il vît Fieschi. Fieschi se louait
» singulièrement de lui et le plaçait au premier rang de ses bienfaiteurs.....
» Il était probable que les exhortations de M. Bouvier achèveraient ce qu'a-
» vaient commencé celles de M. Lavocat, et que Fieschi, s'il avait des ré-
» vélations à faire, ne les retiendrait plus suspendues à ses lèvres. »

» Voyons maintenant la conduite pleine de dignité de M. Bouvier, attaché au gouvernement et directeur des prisons :

« Fieschi, après avoir témoigné (à M. Bouvier) combien il trouvait flat-
» teur et consolant que des hommes aussi honorables que M. Lavocat et lui
» vinssent le voir jusqu'au pied de l'échafaud, Fieschi lui parla de son re-
» pentir..... M. Bouvier lui répondit qu'il *ne cherchait pas à connaître ses*
» *secrets, qu'il voulait demeurer étranger au procès ;* mais, puisqu'il le
» *mettait sur la voie*, qu'il l'invitait à dire tout ce qu'il importait à la
» justice de connaître. Il lui conseilla d'abandonner le système de réti-

» cence dans lequel il semblait persévérer, et de ne plus rien dissimuler à
» M. Lavocat. »

» Ainsi, voici M. Bouvier qui respecte le secret d'un grand criminel, et qui laisse le champ libre à M. Lavocat.

» Autrefois on infligeait la question à un accusé, afin de connaître la vérité. Heureusement notre siècle n'a pas vu de pareilles barbaries. Mais si l'on a supprimé la question physique, il reste maintenant une sorte de question morale, et nous savons tous quel nom on donne dans les prisons à celui qui joue ce rôle.

» Dans ce procès, je sais qu'il s'agissait d'un homme qui avait commis un grand crime, qu'il importait de connaître ses complices; mais la justice est instituée; c'est donc dans son sein qu'elle trouve ordinairement les moyens de connaître la vérité, et, tout en rendant un grand service au pays, M. Lavocat était dans une position fausse, car voici ce que faisait M. Lavocat, d'après le rapport :

« M. Lavocat recueillait avec soin les paroles de Fieschi; il s'assurait, en
» les lui répétant, qu'il les avait bien comprises, et il portait de suite ces
» renseignements à M. le président pour qu'il y puisât au besoin, ainsi
» que dans les pièces de l'instruction, le texte des questions qu'il devait
» adresser à Fieschi. »

» Et nous lisons également :

« M. Lavocat intervint dans l'interrogatoire pour faire sentir à Fieschi
» que la confiance qu'il disait avoir en lui serait entièrement stérile s'il se
» bornait, comme il l'avait fait jusque alors, à raconter en détail le plan
» ou la description de la machine; que ce qui importait à la justice, c'é-
» tait de savoir le nom des personnes avec qui il avait été en rapport, et
» qui pouvaient l'avoir poussé à l'acte qu'il avait commis..... »

» M. Lavocat, ne faisant point partie du corps judiciaire, était en dehors de la loi; aussi il est facile de voir avec quelle politesse exquise M. Portalis rend compte de cette position mixte :

« Il n'y a rien dans une telle manière de procéder qui s'écarte des rè-
» gles ordinaires de la procédure. Les matériaux mis en œuvre par les
» juges d'instruction, dans leurs interrogatoires, se composent habituelle-
» ment de renseignements extra-judiciaires; c'est ainsi qu'ils vérifient les
» avertissements et les diverses notions qui leur parviennent, et qu'il est
» de leur devoir de recueillir, à la charge de constater judiciairement
» l'existence ou la supposition des faits et des circonstances qui leur sont
» signalés. *A la vérité, un tiers ne s'interpose point journellement entre*
» *le magistrat et l'homme qu'il examine;* mais si cette interposition a lieu
» du consentement du magistrat, par son ordre, dans l'intérêt unique de
» la vérité; si le tiers est un homme digne de la confiance dont il reçoit
» une si haute marque; *si ces rapports sont ensuite contrôlés en son ab-*

» *sence* par le magistrat même qui l'avait en quelque sorte délégué ; si,
» tout à fait en dehors de la procédure, ils deviennent seulement l'occa-
» sion d'arriver à une instruction plus complète et plus approfondie, on
» ne peut que donner son assentiment à l'usage d'un moyen qui réunit
» tant d'avantages et présente si peu d'inconvénients. »

» Pépin fait un grand nombre de questions à Fieschi, et, sous forme d'interrogation à la troisième personne, il rend compte de toutes les confidences que Fieschi lui aurait faites, et enfin il arrive à celle-ci :

« ...... Si Fieschi ne lui avait pas fait entendre qu'il avait rendu de
» grands services à M. Lavocat, relativement à la duchesse de Berri, et
» s'il ne lui avait pas raconté d'autres particularités concernant cette
» princesse..... »

» Fieschi répond à toutes les questions de Pépin ; et, quand on arrive à la question citée plus haut, le rapporteur ne met que cette phrase :

« Fieschi a refusé de s'expliquer sur ce qui concernait M. Lavocat. »

» On lit dans un rapport que ce n'est qu'après 1830 que Fieschi a connu M. Lavocat.

COUR D'ASSISES DE LA SEINE.

» *Affaire Hourdequin, Morin et autres. — Accusations de*
» *vol, de faux, de détournement de plans et minutes de la*
» *préfecture de la Seine, et de concussion.*

» Tous les journaux ont rendu compte du procès Hourdequin. Ce chef de bureau à la préfecture de la Seine avait sous sa direction le bureau de la grande voirie de la ville de Paris, et il profitait de sa position pour commettre les malversations les plus déshonorantes. Comme les débats l'ont prouvé, il avait donné une grande extension à ses relations criminelles ; il avait même, parmi le conseil municipal, des personnes assez complaisantes pour lui rendre compte, non seulement de ce qui s'était dit pendant la réunion du conseil, mais encore qui poussaient l'obligeance jusqu'à le prévenir à chaque moment de ce que l'on disait pendant la délibération. Effectivement, il fallait à Hourdequin des renseignements aussi exacts, car voici comment cet employé agissait. S'il était question de percer une rue, percement qui devait quadrupler de suite la valeur du terrain, Hourdequin entrait aussitôt en marché avec les propriétaires de ces terrains, qui ignoraient les projets de la ville, et l'affaire était en suspens jusqu'au moment de la décision du conseil municipal. Or, si le conseil votait ce percement, Hourdequin, averti de ce qui se passait à l'intérieur, avait le temps de terminer le marché avant que les membres du conseil municipal fussent sortis de la séance, et par conséquent avant que ce nouveau projet fût divulgué; comme tout le monde le sait, le conseil de la ville de Paris vote à la fois plusieurs millions.

» M. le président de la Cour d'assises, après avoir fait un grand nombre de questions à Hourdequin, arrive à celle-ci :

» *M. le Président.* — On a saisi chez vous un rapport adressé au conseil » municipal, au dos duquel se trouvent des notes au crayon, qui paraissent » avoir été prises pendant la délibération du conseil. On y retrouve, en » effet, des mentions qui paraissent être l'analyse des opinions de plusieurs » membres. Puis on y lit ces mots, qui sont d'une grande inconvenance et » d'une grande indiscrétion : *Un tel* dit telle chose.. . *Un tel*, etc.; puis, » plus loin : *Galis hurle* (on rit). Comment, au milieu d'une délibération » sérieuse, lorsqu'il s'agit des intérêts de la ville et de régler les conditions » d'un marché à forfait, peut-on se permettre d'écrire de telles choses? » Savez-vous de qui sont ces notes au crayon? Ne sont-elles pas de la main » de M. Lambert Sainte-Croix? — R. Non, M. le président. — D. De qui » donc? — R. Je ne m'en souviens nullement.

» *M. le Président.* — Je ne puis vous forcer à en faire l'aveu; mais ceci » s'éclaircira plus tard. »

» Ainsi, le conseil municipal était réuni, il s'agissait de délibérer sur des affaires très importantes pour la ville de Paris. Un homme, faisant partie du conseil, investi de la confiance de ses concitoyens, transmettait au dehors, d'instant en instant, les secrets de la délibération. Il écrivait au crayon de petites notes, afin de faire connaître à quel point en était la discussion : *Un tel dit ceci*, *Un tel a dit cela*, etc., et enfin *Galis hurle!* M. Galis, membre du conseil municipal, hurlait, c'est-à-dire était contre le projet dont la réalisation était tant désirée par M. Hourdequin.

» M. le président a flétri celui qui avait écrit cela, et a demandé si ce n'était pas M. Lambert Saint-Croix, membre du conseil municipal et notaire. Hourdequin répond que ce n'est pas M. Lambert Sainte-Croix, mais refuse de dire le nom de celui qui l'avait écrit. Donc Hourdequin voyait en cela une affaire très grave, et il ne voulait pas compromettre celui qui avait été si complaisant pour lui.

» Effectivement c'était une chose fort grave. Et quels sont ceux parmi nous qui nommeraient de nouveau membre du conseil municipal celui qui aurait été capable de commettre une pareille faute? Et que dirions-nous si, sans rougir, l'auteur osait se présenter pour solliciter nos suffrages et briguer la députation!

» Aussi tous les journaux jetèrent feu et flamme contre celui qui s'était ainsi compromis.

» De son côté, M. Lambert Sainte-Croix, montré au doigt par le président, et compromis par les articles foudroyants des journaux, fit des recherches avec ses collègues afin de reconnaître la main qui avait tracé ces lignes.

» Le 14 novembre 1842, *le Siècle* s'exprime ainsi :

« Nous avons publié exactement le compte-rendu des débats qui s'agi-
» tent devant la Cour d'assises de la Seine, relativement au procès dans
» lequel se trouvent impliqués plusieurs employés de la préfecture. Nous
» apprenons que de ces comptes-rendus, et d'un article publié hier, on a
» cherché à tirer certaines inductions contre M. Lambert Sainte-Croix, con-
» seiller municipal. Nous avons rapporté fidèlement les faits; nous de-
» vons, pour continuer le rôle d'impartialité que nous nous sommes tra-
» cé, mentionner une démarche honorable qui a été faite aujourd'hui
» dans nos bureaux.

» M. Lavocat, conseiller municipal, est venu nous déclarer qu'il était
» l'auteur du billet auquel on a pu rattacher les inductions dont nous
» parlions tout à l'heure, et nous devons dire que les explications dans
» lesquelles il est entré avec nous sont de nature à mettre sa bonne foi et
» sa loyauté à l'abri de tout soupçon. La communication dont il s'agit n'é-
» tait qu'une réponse aux obsessions de M. Hourdequin, très préoccupé de
» la discussion agitée dans le conseil sur le service des carrières sous Pa-
» ris. Dans l'esprit de M. Lavocat lui-même, cette communication était
« loin d'être désobligeante pour M. Galis, qu'il estime et qu'il honore en-
» tre tous ses collègues. Dès que l'existence de ce billet lui a été révélée
» par les débats, M. Lavocat s'est empressé d'*autoriser* M. Galis et M.
» Lambert Sainte-Croix à dire qu'il en était l'auteur; il vient, en outre,
» d'écrire à M. le président des assises, pour lui faire savoir qu'il était
» prêt à donner à la Cour toute explication à ce sujet. »

» C'était donc M. Lavocat qui était l'auteur de ces billets, et qui faisait hurler M. Galis. C'était lui qui, complaisamment, transmettait au dehors les secrets de la délibération; et si M. Lavocat se sert de pareilles expressions contre M. Galis, qu'il estime et qu'il honore entre tous ses concitoyens, je lui demanderai la permission de ne pas lui en faire mon compliment. »

» Vous voyez, Messieurs, avec quelle naïveté *le Siècle* rend compte de la démarche de M. Lavocat près de lui; c'était donc tout simplement une étourderie, une inconséquence de la part de M. Lavocat vis-à-vis d'un employé dont les malversations étaient si publiques, qu'elles l'ont conduit sur les bancs de la Cour d'assises.

» Mais si M. Lavocat est venu faire cet aveu au *Siècle* spontanément, et pour qu'une accusation ne pesât pas injustement sur un de ses collègues, je suis de l'avis du président, sa conduite était d'une grande inconvenance et d'une grande indiscrétion.

» Mais si, au contraire, M. Lavocat avait été forcé de se déclarer, parce que son écriture aurait été reconnue, et qu'étant sous le poids d'une dénonciation, il aurait préféré courir au devant de l'affaire, faire des excuses à M. Galis et à M. Lambert Sainte-Croix, et venir conter une petite histoire au *Siècle* avec une bonne foi et une humilité apparentes, mettant tout le tort sur sa complaisance facile pour M. Hourdequin, et qu'ainsi il eût trompé tout le monde, oh! alors sa conduite serait inqualifiable.

» Aussi je ne doute pas que M. Lavocat, pour se disculper de ce qu'il pourrait y avoir de douteux sur cette affaire dans l'esprit des électeurs et de tous, ne s'empresse de donner des preuves authentiques et surtout concluantes.

» J'ai soin d'envoyer cette circulaire à l'avance, afin que M. Lavocat ait le temps d'y répondre; mais si M. Lavocat répond, je compte qu'il le fera catégoriquement, sans s'écarter de la question.

» Connaître la vérité, la faire connaître aux autres, voilà le seul motif qui m'a guidé.

» Ernest DE BOULLENOIS. »

Après cette lecture, Me Favre continue ainsi sa plaidoirie :

» On a fait de M. de Boullenois je ne sais quel monstre de calomnie, méditant ses coups dans l'ombre, tenant un stylet, suivant mon adversaire, pour frapper la poitrine de M. Lavocat, et se désaltérer de son sang.

» Ces expressions sont à côté de la vérité : M. de Boullenois s'adresse aux électeurs de l'arrondissement de Vouziers; il n'a pas de souci de M. Lavocat. Que M. Lavocat se retire et ne combatte pas la candidature de M. Ladoucette, croyez-vous que M. de Boullenois ira le poursuivre dans sa manufacture des Gobelins et sur les bords de la Bièvre?

» Ainsi la première parole de M. de Boullenois, c'est une parole de franchise et de loyauté; il se montre à tous : Me voici! Je viens avertir les électeurs de la révélation de certains faits qui sont graves, et sur lesquels il est indispensable que M. Lavocat veuille bien s'expliquer...

» On dit que le style c'est l'homme; eh bien! je ne connais pas de style qui soit plus franc, plus ouvert et plus honnête. M. de Boullenois, dans quelques lignes, indique clairement quelles sont ses intentions; il n'obéit pas à un sentiment de haine et d'animosité, il remplit un devoir public; c'est parce qu'il est investi d'une sorte de magistrature qu'il consent à descendre dans la lice, où il n'a que faire, si ce n'est qu'à y recevoir des coups et à s'y créer des ennemis.

» Mais dans cette brochure, à côté du blâme, vient la circonstance qui l'atténue; M. de Boullenois était loin d'approuver la conduite de M. Lavocat vis-à-vis de Fieschi, il dit toutefois qu'il a rendu un grand service au pays, tout en acceptant une position fausse.

» Quant aux paroles de M. Portalis à la Chambre des Pairs, il y a là évidemment une pensée qui n'a pas seulement préoccupé M. le Rapporteur au moment où il écrivait, mais dont on trouve la trace dans les paroles, d'ailleurs si remarquables, de M. le Chancelier, que mon adversaire a mises sous vos yeux. A la fin de cette allocution, M. le Chancelier disait à M. Lavocat : « Monsieur, ces paroles ne sont pas pour votre » justification, elles sont pour vous témoigner l'assentiment » de la Cour. »

» Pourquoi donc, Messieurs, parler de justification, si le rôle de M. Lavocat n'avait pas été extraordinaire, si quelque part un blâme sévère n'avait accueilli chacune de ses démarches, et si le soupçon ne les avait pas envenimées? Que des fonctionnaires aussi haut placés que M. le Rapporteur, premier président de la Cour de cassation, et que M. le Chancecelier, président de la Cour des Pairs, se croient dans la nécessité de présenter une sorte de plaidoyer en faveur de M. Lavocat, c'est un indice suffisant. Eh bien! on a vu dans cette partie de la vie publique de M. Lavocat quelque chose qui mérite des explications, alors qu'il sollicite l'honneur de représenter son pays à la Chambre.

» Voilà tout ce qui est relatif à l'affaire Fieschi. Vient ensuite un dernier passage, relatif à la duchesse de Berri. Mon adversaire ayant jugé à propos de n'en rien dire, je n'en parlerai pas non plus.

» Comment est-il donc possible que M. Lavocat ait osé dire, dans la lettre qu'il a écrite le jour où il se trouvait ballotté, lorsqu'il y avait 250 voix contre 250 voix, et où il annonce qu'il va porter plainte contre M. de Boullenois, que M. de Boullenois avait eu l'intention, clairement manifestée, de lui attribuer une complicité quelconque dans l'affaire Fieschi, et une complicité de malversations dans l'affaire Hourdequin? Evidemment M. Lavocat n'était pas de bonne foi, il savait très bien que l'écrit de M. de Boullenois ne pouvait pas le représenter comme étant le complice de Fieschi.

» Qu'est-ce qu'on lui reprochait? C'était d'avoir servi la justice, d'une manière à la fois irrégulière et peu honnête, et de s'être placé dans une situation fausse, qui exclut les sentiments de dignité et de délicatesse qu'on doit désirer de la part de celui qui siége à la Chambre des députés. Voilà ce qui est clairement indiqué dans l'écrit, non pas à l'état d'affirmation, mais à l'état de doute. M. de Boullenois invite M. Lavocat à s'expliquer, mais celui-ci a voulu constamment chercher à donner le change sur la véritable intention de M. de Boullenois, et à faire croire qu'il l'avait accusé de complicité dans ce crime.

» Vous venez d'entendre ce qui, dans le pamphlet, comme mon adversaire l'appelle, est relatif à l'affaire Fieschi, et je vous demande, comme à des hommes intelligents et honnêtes, s'il est possible de rencontrer un langage plus décent et plus convenable; si M. de Boullenois, héritier des journaux dont je vous ai cité quelques articles, n'aurait pas été excusable en imitant leur sévérité; c'est ce qu'il a évité cependant, en prenant toujours une forme qui laissait à M. Lavocat la possibilité de se justifier; et je demande si, en présence des passages de cette brochure, que mon adversaire s'est bien gardé de vous lire, vous pouvez comprendre la violence de l'accusation de M. Lavocat, qui, sur cette partie du procès, n'a rien ménagé, et qui a été jusqu'à dire que M. de Boullenois le forçait à briser son épée dans votre prétoire? Non, il faut faire descendre la cause de l'exagération où vous l'avez placée.

» M. de Boullenois a pensé, comme beaucoup de gens, que votre conduite dans l'affaire Fieschi avait été équivoque et douteuse ; vous auriez bien fait de vous expliquer devant les électeurs. Quant à ce que vous avez dit devant la Cour d'assises, si vous en êtes content, c'est votre affaire; mais, même avec cette justification, certains jugements sévères demeureront à votre égard, et acquerront une consécration plus fâcheuse.

» Quant à l'affaire Hourdequin, c'est exactement dans les mêmes termes que M. de Boullenois va s'expliquer, et il va la présenter également comme une circonstance déplorable pour le passé de M. Lavocat.

« Tous les journaux ont rendu compte..., etc. » (Voir plus haut le passage cité.)

» Voilà ce que mon adversaire a appelé une vipère. Son venin est bien innocent, car au lieu de qualifier la conduite de M. Lavocat comme l'ont fait les journaux, et comme il eût été possible de le faire en exagérant le fait qui a été reproché, on appelle le procédé de M. Lavocat une faute, et on ajoute que celui qui s'en est rendu coupable ne devrait pas briguer la députation.

» Vous vous rappelez que mon adversaire a accusé M. de Boullenois de trahison, de perfidie, de mille horreurs, il n'a pas eu dans son vocabulaire assez de gros mots contre lui, précisément, dit-il, parce qu'il a pris l'attaque et a négligé la défense.

» Mais mon adversaire a oublié jusqu'à la brochure qu'il attaquait, il a oublié que, dans sa brochure, l'auteur a poussé la bonne foi jusqu'à imprimer la note du *Siècle*, écrite de la main de M. Lavocat, et sur laquelle je reviendrai pour y puiser des armes à l'appui de la défense.

» Voilà, Messieurs, le prétendu pamphlet, voilà le poison !

Je vous demande si jamais il s'en rencontrera d'une nature plus bénigne. Cet homme, suivant le langage de mon adversaire, est acharné à la perte de M. Lavocat, il s'attaque à lui corps à corps, il veut l'immoler, l'égorger ; et de quoi parle-t-il donc ? Il parle des doutes que la conduite de M. Lavocat peut avoir laissés dans l'esprit des électeurs, et il convie M. Lavocat à les dissiper. Diffamateur singulier, qui va au devant de la justification de celui qui l'accuse, et qui lui donne tous les moyens de faire éclater son honneur au grand jour ; qui tient son opinion en réserve, mais qui, investi du droit de souveraineté électorale, désire être éclairé avant de donner son vote. Il n'y a pas autre chose dans l'écrit, et il a fallu tout l'esprit de mon adversaire, qui s'est tourmenté au delà des limites du possible, pour arriver à vous faire croire qu'il y avait dans cet écrit l'ombre d'une diffamation.

» Du reste, qui l'a jugé ? Celui qui ne saurait se récuser dans cette cause, M. Lavocat lui-même. A moins que M. Lavocat ne vienne nous dire qu'il a deux sortes d'honneur, l'un qui est vulnérable à tel jour, et l'autre qui sommeille, celui-ci qui prend patience quand la candidature n'est point encore menacée, celui-là qui devient irritable au dernier chef quand il se trouve vis-à-vis de 250 voix qui lui sont contraires, il faut qu'il reconnaisse que lui-même n'a pas pensé qu'il y a diffamation dans cet écrit, puisqu'il ne l'a pas attaqué.

» L'écrit de M. de Boullenois date du 27 juillet 1846, les élections commençaient le 1er août suivant, c'est-à-dire six jours après : M. Lavocat en a donc eu connaissance. Est-ce qu'il l'a attaqué ? Est-ce qu'il a fait appel, pour me servir de ses grands mots et pour le suivre dans ses grosses colères, à la sagesse du pays ? Est-ce qu'il a voulu que la Cour d'assises éclairât chacun de ses actes ? Point. Il est allé trouver M. Mortimer-Ternaux, qui était candidat à Réthel, et les candidats sont bien humbles avant la députation, sauf à se relever après ; M. Ternaux avait des adversaires, et il désirait que M. Lavocat lui fût favorable auprès des électeurs; et c'est alors qu'il se détermina, non sans avoir été vivement sollicité, mais enfin il était attaché au même pilori que M. Lavocat, à écrire cette lettre avec la spontanéité d'un homme qui était forcé de dire ce qu'on lui demandait (*On rit*), lettre que M. Lavocat a fait précéder et suivre de quelques lignes qui lui sont propres en l'adressant aux électeurs de Vouziers :

« Un électeur a répandu à profusion une brochure qui contient contre M. Lavocat les accusations les plus outrageantes et les moins méritées ;

» M. Mortimer-Ternaux, ancien député de l'arrondissement de Vouziers, et membre du conseil municipal de Paris, à qui M. Lavocat a donné connaissance de cette brochure, s'est empressé de lui adresser la lettre suivante, qui est une réponse péremptoire à l'une des calomnies si audacieusement reproduites dans cet étrange écrit.

» Voici la lettre de M. Mortimer-Ternaux :

« Mon cher ancien collègue,

» Vous me faites communiquer à Réthel, où je suis en ce
» moment, une brochure publiée contre votre candidature
» par un électeur de l'arrondissement de Vouziers. Dans cet
» écrit, un incident de l'affaire Hourdequin est présenté sous
» une couleur inexacte. Ayant eu l'honneur de siéger pen-
» dant sept années avec vous, au Conseil municipal de Pa-
» ris, je viens, tout spontanément, mon cher ancien collè-
» gue, témoigner de l'impression produite par cet incident
» dans le sein du conseil municipal, le meilleur appréciateur,
» à coup sûr, des circonstances de cette affaire.

» La vérité est qu'elle n'y a soulevé aucune observation,
» parce qu'il n'y en avait aucune à faire sur une circonstance
» qui ne se rattachait point aux faits reprochés à Hourde-
» quin. Après comme avant cette affaire, vous n'avez cessé
» d'être entouré de l'estime et de l'affection de TOUS vos
» collègues du conseil municipal, où vous avez laissé le meil-
» leur souvenir.

» Si, plus tard, à l'expiration de votre mandat, vos collè-

» gues ont eu le chagrin de vous voir retirer *volontairement*
» du Conseil municipal, ils vous ont vu avec un vif plaisir
» appelé, peu après, par le suffrage de nos concitoyens, à
» servir encore les intérêts de la cité parisienne, comme co-
» lonel de la 12e légion de la garde nationale.

» Je ne veux pas terminer cette lettre sans vous renouveler,
» mon cher ancien collègue, les sentiments d'estime et d'a-
» mitié que je vous ai voués depuis long-temps.

» M.-Ternaux,

» *Ancien député des Ardennes, membre du Conseil municipal.* »

» Réthel, ce 30 juillet 1846. »

« Nous ne saurions trop féliciter l'honorable M. Mortimer-Ternaux de cette loyale déclaration et de l'empressement spontané qu'il a mis à la faire. Il importe, en effet, que les hommes de cœur s'unissent pour combattre les mauvaises passions et opposer la vérité au mensonge. »

« M. Lavocat, dans cette circulaire, imitant une pratique qui sent la réclame et le procédé des charlatans, met le mot *tous* en caractères majuscules, afin que l'impression soit profonde et générale parmi les électeurs, et qu'on voie bien que ce n'est pas l'opinion de M. Ternaux seulement, mais celle du Conseil municipal. Or M. Ternaux était à Réthel, dans l'impossibilité, par conséquent, de consulter tous ses collègues.

» On vous a dit qu'il y avait 36 conseillers municipaux; eh bien! M. Lavocat, qui a frappé à toutes les portes, et a demandé des lettres à tous, en a obtenu trois; il a fait venir un de ses collègues, qui a témoigné sous la foi du serment. Mais, si je sais bien compter, qui de 36 ôte 5 (car M. Lavocat fait sans doute partie de cette respectable minorité, et s'estime peut-être lui-même autant que les 4 autres); qui de 36 ôte 5, reste 31, qui ont refusé de répondre à M. Lavocat. Les lettres sont demeurées stériles, les sollicitations sans résultat. M. Galis, qu'on a traité avec une légèreté inqualifiable, n'a pas daigné donner le moindre certificat à cet ami, auquel il pardonne ses espiègleries. Il fallait donc que l'unique attestation, celle de M. Ternaux, frappât fort; aussi M. Lavocat allonge pompeusement les lettres, qui prennent alors un caractère hyperbolique.

» La circulaire dit : « Nous ne saurions trop féliciter M. » Mortimer-Ternaux de cette loyale déclaration. » Ceci est de M. Lavocat.

» Ainsi vous vous félicitez vous-même dans la personne de M. Ternaux, car il n'y avait pas de quoi.

» Mon adversaire a dit qu'on avait été trouver M. Ternaux; nous sommes d'accord sur ce point, et M. Lavocat dit : « L'empressement spontané qu'il a mis à le faire... » Voilà comment il respecte la vérité! Il ajoute :

« Il importe que les hommes de cœur s'unissent pour com- » battre les mauvaises passions et imposer la vérité au men- » songe. »

» Dans les lignes qui précèdent la lettre, on se sert d'expressions irritantes, et M. de Boullenois, qui avait signé sa brochure, se voit attaqué dans un écrit anonyme. Or l'on dit que cette lettre est une réponse péremptoire « à l'une des ca- » lomnies si audacieusement reproduites dans cet étrange » écrit... » Voilà l'injure fière et désordonnée sous la forme anonyme! Mais elle contraste, il faut le dire, avec la bénignité si parfaite de la lettre de M. Ternaux. Car enfin vous sollicitez des témoignages, permettez que je les examine et que j'y recueille ce qui peut être conforme à l'expression de mon opinion, et ce qui peut aussi éclairer la vérité.

» M. Ternaux disait simplement dans sa lettre : « L'inci- » dent de l'affaire Hourdequin est présenté sous des couleurs » inexactes. » Mais de calomnie, de diffamation, d'injure, pas un mot; et vous, vous dites que M. de Boullenois est un calomniateur, un menteur; il était attaqué dans ce qu'il avait de plus cher, et il répondait par une dernière lettre qui a servi de prétexte à M. Lavocat pour porter plainte contre lui. Voici comment M. de Boullenois s'explique :

« Senne, ce 31 juillet 1846.

» Messieurs et chers concitoyens,

» J'ai eu l'honneur de vous envoyer des renseignements » sur la vie politique de M. Lavocat.

» L'intérêt de mon pays m'ayant obligé de me mettre, mal- » gré moi, en évidence, mon intention formelle était d'at- » tendre dans le silence la fin de la lutte : car il est loyal de » combattre, mais jamais d'abuser de la victoire. Malheu- » reusement on s'est servi d'expressions si inconvenantes » dans les débats écrits, à l'égard des personnes engagées » dans cette question, que je me crois autorisé à vous don- » ner de nouveaux détails et à répondre à la lettre de M. » Mortimer Ternaux.

» M. Lavocat ne s'est pas retiré volontairement du conseil » municipal de Paris : il a attendu que son mandat fût ex- » piré ; mais il n'a pas été renommé. Alors il demanda à être » porté sur la liste des candidats des maires et adjoints. » Cette faveur ne lui fut pas accordée.

» J'ai demandé, en ma qualité d'électeur, compte à M. » Lavocat de ses actes publics ; j'ai certifié ce que j'avançais, » et j'avoue que je m'attendais ou à être attaqué en justice, » ou bien que M. Lavocat donnerait franchement des preu- » ves authentiques et surtout concluantes.

» M. Lavocat a pris la peine d'aller à Réthel demander un » certificat à M. Mortimer-Ternaux.

» Puisque M. le député de Réthel veut bien obligeamment » dire que l'affaire Hourdequin est représentée sous une cou- » leur inexacte dans ma circulaire, je suis obligé d'insister » sur cette scandaleuse affaire et d'attester de nouveau » l'exactitude des faits.

» J'ajouterai que M. Lavocat avait une tannerie dans » le 12e arrondissement. Le terrain a peu de valeur dans ce » quartier. La ville de Paris fit reculer le mur des ateliers » de cet établissement : je pourrais demander à M. Lavocat » quelle somme il reçut pour indemnité. Hourdequin était

» alors au bureau de la grande voirie. (Procès Hourdequin, » séance de la Cour d'assises du 8 novembre 1842.)

» On voit, d'après les débats, que, dans les questions fai- » tes par le président, M. Lavocat, pendant les délibérations » du conseil municipal, lorsqu'il s'agissait de régler les con- » ditions d'un marché à forfait, transmettait au dehors, d'in- » stant en instant, les secrets de la délibération.

» Dans le courant d'avril 1846, M. Lavocat fut nommé » colonel, quoique le septième sur la liste des candidats.

» Hourdequin a été gracié fin d'avril 1846!

» Veuillez recevoir, Messieurs, l'assurance de ma parfaite » considération.

» Ernest de Boullenois.

» Je ne réponds qu'aux écrits signés. »

» Et c'est après cet écrit du 2 août 1846 (la date est précieuse) que M. Lavocat porte sa plainte, et qu'il la fait précéder des lignes que voici, dans lesquelles il dénature les passages avec autant d'habileté qu'il en a fait paraître à votre audience, et dans lesquelles, pour excuser sa plainte, il se suppose calomnié :

« *Aux électeurs de l'arrondissement de Vouziers.*

» Messieurs,

» Un pamphlet, signé Ernest de Boullenois, a été répandu, » il y a quelques jours, avec l'intention, évidente et claire- » ment manifestée par l'auteur, de m'attribuer une compli- » cité quelconque dans l'affaire Fieschi et dans les faits de » malversation et de concussion qui ont amené, en 1842, la » condamnation du nommé Hourdequin par la Cour d'assises » du département de la Seine.

» Un écrit daté de Senne, 31 juillet 1846, distribué ce » matin avec profusion dans Vouziers, et signé encore Er- » nest de Boullenois, reproduit contre moi la même accusa- » tion, la même diffamation.

» Messieurs les électeurs, je vous dois, à vous qui m'avez » plusieurs fois honoré de vos suffrages, à vous dont je sol- » licite aujourd'hui même le renouvellement de mon man- » dat politique, je vous dois à vous, je me dois à moi-même » de ne pas laisser plus long-temps dans le mépris où je les » ai tenues jusqu'à ce jour d'aussi abominables imputations. » En conséquence, je viens de déposer au parquet de M. le » procureur du roi de Vouziers une plainte ayant pour objet » de faire traduire directement le sieur Ernest de Boullenois » devant la Cour d'assises des Ardennes.

» Là, au grand jour de la justice, à la face du pays, je » confondrai le calomniateur, qui ne sera privé d'aucun » d'aucun moyen de défense.

» En attendant, messieurs les électeurs, j'en appelle à » vous, j'en appelle à vos consciences. Je réclame aujour- » d'hui de vous ce verdict que nul honnête homme ne refuse » à un homme d'honneur audacieusement outragé.

» *Signé* G. LAVOCAT.

» Vouziers, le 2 août 1846. »

« Ainsi M. Lavocat sait tout exploiter, jusqu'à une prétendue insulte, et cette plainte n'est qu'un prétexte pour insister davantage auprès des électeurs ; il leur dit : Voyez à quelles calomnies votre candidat est exposé ; considérez sa situation fâcheuse s'il vient à échouer devant vous, et que votre scrutin le venge !

» C'est ainsi que M. Lavocat agit auprès des électeurs, et qu'à force de sollicitations et de démarches il parvient à être élu. Mais la plainte est formée le 2 août, le jour où il se trouve en face de M. Ladoucette, dans un équilibre parfait, 250 contre 250, et il sait que des hommes qui sont obstinés dans leur puritanisme jusqu'à l'utopie ont voulu donner 18 voix à M. de Lamartine, et que, si ces hommes viennent se ranger dans le camp de M. Ladoucette, le lendemain, la partie est perdue; et, voulant à tout prix rallier ses partisans, cherchant à faire du fracas autour de lui, M. Lavocat se pose comme un héros méconnu et se prétend outragé. — « On me demande des explications, dit-il, des explications à moi qui suis votre député depuis un grand nombre d'années! à moi directeur de la manufacture des Gobelins! à moi commandeur de la Légion-d'Honneur! Allons donc! C'est devant le procureur du roi que je traduis celui qui ose me les demander, c'est devant le jury que je m'expliquerai; mais point devant les électeurs. A ceux-ci je ne demande que leurs suffrages. »

» Tout cela est habile; mais que cela cache des sentiments vrais, qu'il ne joue pas la comédie dans la circulaire comme à l'audience; que sa colère et son honneur aient sommeillé pendant une semaine tout entière, et qu'ils ne se soient réveillés qu'en face du danger électoral que lui faisait courir son concurrent, c'est ce que vous ne croirez pas sérieusement. Tout ceci est une manœuvre électorale pour enlever la majorité, pas autre chose. M. Lavocat a réussi; que sa victoire lui profite, nous ne nous y opposons pas. Mais devant la justice, aux pieds de nos concitoyens, alors qu'il s'agit d'une question d'innocence ou de culpabilité, ces moyens ne sauraient avoir le moindre succès, et si le jury voit comme nous dans les écrits de M. de Boullenois l'intention pure et honnête d'exercer un droit légitime, il ne saurait sacrifier à vos colères, à vos espérances politiques, le moindre cheveu d'un honorable citoyen. (Mouvement.)

» Ainsi M. Lavocat s'est contenté de dire : Je ne réponds pas, je me déclare inviolable en ma qualité de candidat, et quiconque me demandera des explications je le traduirai devant la Cour d'assises. Il faut convenir que, si une pareille doctrine venait à s'implanter en France, elle serait la joie et la consolation de tous les hommes tarés, lesquels, sachant qu'au parlement il est plus d'un moyen de faire fortune, de se créer une position, qu'on y voit les ministres, qu'on peut leur glisser à l'oreille certains mots utiles, répondront, lorsqu'on leur demandera la moindre explication qui mettra en suspicion leur loyauté devant les électeurs, que c'est en Cour d'assises qu'ils s'expliqueront et quand le scrutin sera fermé.

» M. Lavocat aurait dû dire quelle avait été sa participation aux affaires Fieschi et Hourdequin, et peut-être que s'il l'avait dit à Vouziers comme à Paris, de même qu'à Paris il a échoué dans les élections de la garde nationale et du conseil municipal, on l'aurait renvoyé à sa manufacture des Gobelins sans le faire asseoir au palais Bourbon. Il a donc formé une plainte dont maintenant vous êtes saisis; seulement, comme les plaintes en justice doivent nécessairement avoir un résultat judiciaire, il a été dans la nécessité de la soutenir jusqu'au bout.

» M. Lavocat a cherché partout des points d'appui; il a employé tous les moyens en son pouvoir pour arriver à ce résultat qu'il désire si ardemment; il a fait imprimer ou laissé imprimer dans un journal, *l'Ardennais*, qui est ouvertement son défenseur, les lignes que voici :

« Les hommes politiques qui siégent dans le conseil de la
» couronne peuvent être critiqués, blâmés, harcelés dans
» les journaux et dans la chambre... Le gouvernement ac-
» cepte ici nettement, par le fait même de l'intervention de
» M. le procureur général, la solidarité la plus entière avec
» M. Lavocat, outragé dans son honneur personnel, dans la
» délicatesse de sa conduite privée. Le gouvernement en ap-
» pelle par lui-même à la justice du pays; il demande que le
» pays, par un verdict solennel, reconnaisse enfin que le
» roi et tous ses ministres, depuis plus de dix ans, se sont
» montrés justes et éclairés en méprisant d'odieuses calom-
» nies, et en conservant à M. Lavocat les postes éminents
» confiés à son patriotisme et à sa loyauté.

» Vit-on jamais un orgueil plus en délire, un plaignant davantage aux abois, chercher des moyens plus désespérés pour le salut d'une cause qu'il sait devoir infailliblement perdre ? Le nom du chef de l'état n'est pas ménagé, pour faire croire qu'une condamnation est indispensable au repos du pays, et que la France doit chanceler si son crédit est ébranlé.

» Après avoir ainsi établi je ne sais quelle impie solidarité entre le représentant de toute autorité et lui, M. Lavocat va jusqu'à compromettre la justice : il fait croire que M. le procureur général, qui veut bien assister à ce débat, qui y apporte toute l'autorité de sa position élevée et aussi toute l'impartialité de son talent et de son caractère, vient ici avec une mission qui lui est tracée vous demander une condamnation dont le prix a peut être été à l'avance tarifé, taxé. Ces lignes ont été écrites afin de pervertir votre décision ; mais vous direz qu'au dessus de ces misérables intérêts, qu'on a vainement essayé de grandir, il y a une question d'innocence et de culpabilité sur laquelle vous ne prendrez pas le change, et vous prononcerez avec l'impartialité de la justice.

» Après ces détails vous est-il possible de croire que M. de Boullenois soit un diffamateur ? ne voyez-vous pas les fils secrets qui ont fait agir M. Lavocat ? Est-ce qu'il n'est pas fidèle à tous ses antécédents ? N'est-ce pas pour se grandir encore et se faire renommer qu'il a fait ce procès, afin d'étouffer toute espèce de discussion ? Est-ce qu'il n'accueille pas avec plaisir la décision de la Cour, qui refuse d'entendre nos témoins ?

» Cependant il faut suivre l'adversaire dans ses développements, et les explications que je donnerai seront la réfutation complète du roman qu'il a présenté.

» Vous avez reproché à M. de Boullenois d'avoir critiqué la conduite de M. Lavocat sous deux rapports : vous avez d'abord parlé de l'affaire Fieschi, puis de l'affaire Hourdequin.

» Permettez-moi de vous faire remarquer tout d'abord qu'avant il s'agit de savoir si M. de Boullenois a été de bonne foi, s'il a été décent et convenable dans ses écrits. Or cette question n'est douteuse pour personne; il a vu M. Lavocat, attaqué par les journaux, refusant de répondre; il l'a sommé de le faire. Il a parlé de faits qui couraient les rues; il n'a rien inventé ni rien distillé de ces flots de fiel et de haine que vous lui avez prêtés pour le besoin de votre cause; il a été modéré dans son langage; mais il a été exact appréciateur des faits et des sentiments quand il a trouvé à reprendre dans la conduite de M. Lavocat relativement à son intervention dans la procédure Fieschi, et relativement à l'affaire Hourdequin? N'a-t-il pas exprimé qu'il y a ici une équivoque, un soupçon, une sorte de tache, que M. Lavocat n'effacerait pas, ne dissiperait même pas par une condamnation?

» Vous nous avez parlé de l'affaire Fieschi : on se rappelle avec quelle habileté de mise en scène mon adversaire a préparé vos impressions, de combien de choses inutiles il vous a entretenus, combien il vous a fait un tableau saisissant de cet abominable attentat qui a jeté dans tout Paris la terreur et la consternation; et tout cela n'était pas seulement un besoin de l'esprit de mon adversaire, c'était une habileté de sa part afin de grandir le service que M. Lavocat aurait rendu à la monarchie. Mon adversaire n'était que l'écho très affaibli de M. Lavocat lui-même.

» Mais est-ce qu'il s'agit de ces impressions? Est-ce que nous n'avons pas à juger quelque chose de plus précis, de plus clair? Un simple citoyen peut-il, même quand la justice vient lui faire cette réquisition, se mettre tout entier à sa disposition, descendre à sa place dans le cachot d'un grand criminel, s'asseoir auprès d'un mourant, épier les paroles entrecoupées de cet homme que vous avez représenté tout grelottant par la fièvre, et déjà saisi par les ombres de la mort? Peut-il recueillir ces déclarations pleines de divagations, et les transmettre ensuite à la justice pour en faire son profit?

» Cette question est simple, et je ne crains pas de dire que l'honnêteté publique la résout, et qu'il n'est personne ici, mon adversaire compris, qui voulût rendre un pareil service au pays, quelle que fût d'ailleurs la grandeur des résultats qu'il attendrait: car enfin il y a des services qui peuvent être nécessaires, mais qui sont fâcheux.

» Je ne veux jeter dans le débat aucune parole irritante. Il y a dans la société des couches impures qu'il est nécessaire de sonder; il faut y aller trouver des vérités utiles pour y saisir des instruments nuisibles, pour y réprimer de dangereux forfaits. Croyez-vous que les instruments qui se résignent à une pareille abjection puissent être considérés comme honorables? Croyez-vous que ceux qui, de près ou de loin, concourent à cette vaste et ténébreuse organisation qu'on appelle la police, mais qui est nécessaire, soient honnêtes? Et, bien qu'ils soient serviteurs de l'état, seriez-vous fiers et jaloux de serrer leurs mains et de les admettre dans votre intimité?

» Or qu'a fait M. Lavocat? Que cette action se soit parée d'un vêtement de pourpre, qu'il vienne ici faire étalage de la grandeur des résultats qu'il a obtenus, qu'importe! le fait reste le même. Sans mission officielle, simple particulier, éloigné par sa position d'un pareil devoir, il a consenti à suppléer la justice; il est allé près de cet homme, près de ce monstre qu'on appelait Fieschi; et celui-ci lui disait que sa présence l'impressionnait: « Mais, Fieschi, vous me con-
» naissez! Je viens me mettre en relation avec vous. »

» Alors il lui a rappelé le passé; il a cherché dans la fange de cette âme ce qu'il pouvait y avoir encore de sensible. Il ne s'est pas contenté de l'attendrir, de le disposer, de le préparer à la justice, aux mains de laquelle il le pouvait remettre; il est allé au delà, il a voulu scruter cet abyme de boue et y chercher ce que Fieschi y cachait soigneusement; il a voulu en faire sortir la vérité, et quelle vérité!

» Il y a dans le vieux droit criminel un principe enseigné par tous les docteurs, c'est que l'accusé n'est pas tenu de se dénoncer lui-même; que, dans cette position extrême où il est accablé de toutes les foudres et de toutes les réprobations, il conserve cette sorte d'inviolabilité qui lui permet de se renfermer dans les réticences. Mais ce qui n'a jamais été contesté par personne, c'est que dans la bassesse il y a un dernier degré de bassesse, c'est que dans l'infamie il y a un dernier point d'infamie, c'est celui où descend l'accusé qui, pour sauver sa tête compromise par sa scélératesse, s'en va vendre ses complices, ceux qu'il a associés à son action ténébreuse, et les livrer au bourreau. Voilà ce qui n'est douteux pour personne et ce qu'on ne conteste pas quand on est honnête. Il n'y a qu'une personne au monde qui puisse demander cette immolation du dernier vestige de la conscience humaine, c'est celle qui agit avec une mission spéciale, officielle, avec le glaive de la loi : c'est la justice. Mais comment procède-t-elle ? Elle procède en ne compromettant jamais son ministère; ce n'est pas d'elle que vous avez à attendre ou des menaces qui ne seraient pas dans l'esprit de la loi ou des familiarités qui feraient descendre le magistrat à un niveau indigne de lui. Non : la justice, au moment où elle interroge, a averti le coupable; le coupable sait que chacune de ses déclarations sera enregistrée; à côté du magistrat qui l'interroge est l'homme de la loi, le greffier tient note de chacune des paroles tombées des lèvres de l'accusé, et, dans ces communications solennelles, tous les égards que mérite l'accusé lui sont conservés; il sait jusqu'où il s'engage. Mais renversez les rôles, supposez qu'au lieu de ce magistrat, revêtu de sa toge, environné de l'inviolabilité de la loi, ce soit un homme qui descende dans le cachot de l'accusé, le prenne par ses secrètes faiblesses, et, *cœur à cœur,* permettez-moi cette expressien, lui demande des confidences sur un passé qu'il connaît, ne voyez-vous pas où le soupçon peut se placer? J'en puise la preuve dans les paroles de mon adversaire; il nous a dit que dans certaines confidences de Fieschi s'étaient glissés les noms d'anciens amis de M. Lavocat, alors ses ennemis politiques, et que, cédant à un sentiment généreux, M. Lavocat avait dit: « Oh! pour ceux-ci j'ai l'oreille » fermée; vous ne les prononcerez pas devant moi. » Est-ce que M. Lavocat, s'il était l'homme de la justice, pouvait ainsi se faire son rôle? Est-ce qu'il pouvait limiter le terrain de l'interrogatoire? Cela vous prouve que dans sa mission il ne relevait que de sa conscience, c'est-à-dire de son caprice, et que, s'il était le maître de la situation, il l'était à ses périls et risques, c'est-à-dire en compromettant sa dignité et en risquant son avenir tout entier.

» Que pensait M. Lavocat de cette humiliation? Il nous a dit, et nous avons retenu ses paroles dans la bouche du président de la Cour des pairs, qu'il avait rendu au pays un grand service. M. Lavocat savait que ce n'était pas seulement au pays que ce service était rendu, et l'affectation qu'il met toujours à se faire considérer comme le sauveur d'une tête auguste le prouve suffisamment; et sa fortune, qui est allée grandissant depuis, toutes les faveurs dont il a été accablé, démontrent également qu'il a su mettre son dévouement à profit; et quand il descendait ainsi dans le cachot de l'assassin du roi, il savait que, s'il compromettait son caractère, il consolidait sa fortune. Il acceptait un pareil marché; qu'il ne vienne pas aujourd'hui s'en plaindre et ne s'étonne pas si l'écrivain dont parlait tout à l'heure mon adversaire, et dont il invoquait l'autorité, a écrit ces lignes, qui sont le meilleur résumé de toute cette partie de ma discussion : « M. Lavocat a » été prié d'intervenir officieusement auprès du coupable ; » mission fâcheuse ! »

» Oui, l'écrivain a parfaitement traduit la pensée publique ; oui, le plus légitime instinct est blessé par une pareille conduite ; personne ne voudrait la fortune de M. Lavocat à un tel prix, même au prix d'un éloge publiquement décerné par le président de la Cour des pairs, qui sentait le besoin de justifier M. Lavocat. Et quand le rapporteur disait que c'était une mission extraordinaire, qui n'était point, en général, donnée par la justice, il faisait entendre que M. Lavocat avait été un homme dévoué outre mesure, qu'on avait été heureux de le rencontrer, tout comme ces gens qui acceptent des missions équivoques, et qui, tout en rendant des services de la même nature et de la même moralité que celui de M. Lavocat, n'en demeurent pas moins dans une position équivoque et fausse vis-à-vis des honnêtes gens. (Sensation dans l'auditoire.)

» M. Lavocat ne s'est pas contenté d'user de son influence vis-à vis de Fieschi.

» Fieschi voulait garder le silence ; on lui demanda sa profession : « Mécanicien. » — « Combien étiez-vous ? » — Il lève un seul doigt. « Quand avez-vous conçu ce crime ? » Il répondit : « Semaine. — Qui vous avait donné cette idée-là ? — » Moi-même. — Vouliez-vous tuer le roi ? » — Il fait un signe affirmatif... Et lui, mourant, qui ne croyait pas survivre à sa blessure, ne voulait rien révéler, il voulait mourir avec son secret. Eh bien ! tout ce qu'a dit mon adversaire sur l'utilité de ces révélations n'a rien changé en ce qui touche la moralité de celui qui les a arrachées, qui est venu auprès de cet homme pour lui demander le nom de ses complices.

» Fieschi, dans l'abyme d'ignominie où il se trouvait, voulait à tout prix racheter sa tête ; il disait que pour cette *faute*, comme il l'appelait, il serait envoyé en Amérique, qu'on lui

7

ferait une *pacotille*. Cet espoir ne l'a-t-il pas décidé à révéler ses complices et à les envoyer à l'échafaud ?

» A Dieu ne plaise que je conteste la légitimité d'une condamnation qui a reçu une consécration si terrible ! Mais ne comprenez-vous pas que celui qui a sollicité ces révélations ait dit à Fieschi : Il faut que vous me donniez des noms, mon influence serait stérile sans cela.

» Voilà le rôle que M. Lavocat acceptait !

» Eh bien ! M. de Boullenois, lui électeur, a cru qu'une pareille conduite, qu'un pareil oubli des devoirs d'un citoyen, d'un honnête homme, exigeaient une explication quand M. Lavocat se présentait pour briguer les suffrages de ses concitoyens. Il n'a pas dit que M. Lavocat fût complice de Fieschi, mais il a pensé qu'il y avait, de la part de M. Lavocat, un excès de zèle, pour ne rien dire de plus, qui mettait ainsi sa conduite en suspicion ; et c'est pour cela qu'il lui demandait de s'expliquer devant le corps électoral.

» Il en a été de même pour l'affaire Hourdequin. Seulement, ici, je rencontre de la part de mon adversaire un triomphe tellement superbe, que je me sens embarrassé. — « Comment ! dit mon adversaire, nous vous avons traduit devant la justice du pays, nous vous avons sommé de faire vos preuves, et, le jour arrivé, vous reculez ; au lieu de faire venir des membres du conseil municipal, vous avez fait appeler je ne sais quels témoins, qui déposent de prévarications remontant à 1842 ; or, pour celles-là, nous ne disons ni oui ni non, mais nous déclarons que les témoins ne peuvent être entendus...

» Je m'étonne de cette sévérité de mon adversaire ; car, en fait de témoins, M. Lavocat n'a pas été heureux ; et, à part M. Pélassy de l'Ousle, qui forme une respectable unité, je comprends qu'il n'ait pas fait faire le voyage à d'autres personnes de la même force que nos témoins que nous avons ap-

pelés à la barre, tels que l'ingénieur qui a été chargé des travaux, le vérificateur des travaux, un entrepreneur général, tous gens qui sont commissionnés par l'état, et qui auraient révélé ce que vous savez très bien et que M. Lavocat est heureux que le public ne sache pas. Mais, quant à l'affaire Hourdequin, est-ce que nous avons besoin de témoins ? Nous n'en avons pas fait appeler, par cette raison qu'ils sont ici remplacés par des preuves écrites que toute l'habileté de mon adversaire n'a pu dénaturer, et qui demeurent dans toute leur force, même après tous les certificats dont M. Lavocat est parvenu à orner sa vertu assez compromise, et qui ne pourront pas la rétablir dans son assiette.

» Vous savez que Hourdequin a été traduit en 1842, au mois de novembre ; il était inculpé d'un grand nombre de chefs de malversations. Dans le cours de son interrogatoire, le président lui présenta un mémoire qui avait été saisi à son domicile ; n'oubliez pas cela : ce mémoire était relatif à une affaire *Trémerie*. Sur le dos de ce mémoire était au crayon une note qui constatait, non pas seulement cette plaisanterie qui a si fort réjoui notre adversaire, mais le vote de chacun des membres du conseil municipal, ce qui est tout autre chose....

Me Léon Duval. Ce n'est pas vrai !

Me Jules Favre. Cette apostrophe a le mérite de provoquer une réponse qui aura l'avantage d'être appuyée sur des preuves.

« Avant les mots : *Galis hurle sur cette question*, il y a une note écrite par un membre, constatant les votes et les opinions émises par les autres membres. M. le président demande : « Savez-vous de qui émanent ces notes ? Ne sont-» elles pas de M. Lambert de Sainte-Croix ? — Non. » Le président ajoute : « C'est une grave inconvenance d'écrire de » pareilles notes quand le conseil traite de si hautes ques-» tions. » Il croyait qu'elles pouvaient être écrites par M.

Lambert de Sainte-Croix, parce que, dans une autre affaire, celui-ci avait eu avec Hourdequin des rapports qui ont été jugés assez sévèrement par la justice.

» M. Lambert en fut singulièrement contrarié ; il insista pour qu'on reconnût que ce n'était pas lui qui avait écrit cette note, et, trois jours après, M. Lavocat vint au *Siècle*, et fit insérer une réclamation dont mon adversaire ne nous a lu qu'une partie, je le comprends, parce que l'autre était accablante pour lui.

» Mon adversaire a dit que Hourdequin était désintéressé dans l'affaire *Trémerie*. Cela n'est pas exact, cette affaire était une des plus scandaleuses de celles qui se sont déroulées devant la cour d'assises. Il s'agissait d'ouvriers septuagénaires ou morts dont les salaires étaient touchés et émargés avec de fausses signatures. Mon adversaire vous a dit que sur les 164, il n'y en avait eu que 16 dont on avait fait figurer les noms, et cela pendant plus de 12 années.

« M. Galis, dont il n'a lu qu'une partie de la déposition, dit : « Nous avons voulu vérifier les états, nous avons trouvé » que les 2/3 (entendez-vous bien !) au moins des ouvriers, » sur cet état d'émargement, n'étaient que des fictions. »

» Il y avait 164 ouvriers, les 2/3 étaient donc 108 ; ils se sont étrangement multipliés.

» Mon adversaire dit que Hourdequin était étranger à tout ceci ; mais les communications de M. Lavocat avec Hourdequin lui donnent un démenti ; Hourdequin obsède M. Lavocat pour avoir une réponse. « Hourdequin, dit M. Lavocat, » s'est préoccupé de la discussion qui s'est agitée dans le con» seil sur le service des carrières sous Paris. »

» Vous voyez comme on traîne la vérité sous ses pieds quand il s'agit de se tirer d'une position détestable. Mon adversaire en est réduit à venir déclarer, contre la déposition de son propre client, que Hourdequin était désintéressé dans cette affaire ; et cependant il était alors à la porte du conseil municipal, et, sur le dos d'un mémoire trouvé chez lui, une main avait écrit non seulement la plaisanterie de *Galis hurle*, mais le résultat des votes du conseil.

» Mon adversaire, dans le désespoir de ne trouver aucun moyen pour sa cause, a fouillé dans son esprit, et en a fait sortir quelqu'une de ces historiettes qui peuvent réjouir dans un salon, mais qui ne doivent pas être écoutées dans une cour d'assises.

» Je regarderais donc cette plaisanterie comme sans importance, si elle était seule; mais cédant aux obsessions de Hourdequin, avec lequel il était en communication, M. Lavocat lui transmettait le vote de chacun des membres du conseil, sur une affaire dont Hourdequin était vivement préoccupé. Eh bien! il y avait là un doute et un soupçon que M. Lavocat devait éclaircir devant les électeurs : il le devait si bien, et à si juste titre, que, lorsque cette affaire a été décidée à Paris, M. Lavocat ne s'est pas représenté au conseil municipal, il s'est fait justice lui-même, et s'est retiré sachant qu'il ne serait pas réélu; mais il a demandé qu'on le portât sur la liste des maires et adjoints, et il a échoué : il a été frappé par la réprobation des électeurs de son arrondissement.

» A-t-il été plus heureux auprès de ses collègues? Mon adversaire vous a dit qu'ils lui avaient conservé leur estime : M. Pelassy de l'Ousle est venu vous dire que M. Lavocat n'avait pas cessé d'être investi de toute sa considération.

» M. Lavocat aurait mieux fait, au lieu d'apporter des lettres isolées, d'écrire une circulaire et de la faire signer par le conseil municipal.

» M. Galis, qui, dit M. Lavocat, l'a appelé *mon cher camarade*, aurait dû plutôt lui écrire : « Je vous tiens encore pour » un homme honnête. » Il s'en est bien gardé.

» Quant aux certificats que vous rapportez, ils prouvent

seulement que votre procès est détestable, car vos amis ne manquent pas de vous le dire. Ainsi l'honorable M. Besson vous écrit :

« Mon cher collègue,

» J'ai lu les deux imprimés que vous m'avez communiqués, » et puisque vous tenez à savoir quelle a été mon impression » en les lisant, je vous dirai que j'ai vu, dans la manière » dont ont été rapportées certaines circonstances des affaires » Fieschi et Hourdequin, une grande malveillance, un désir » évident de faire échouer votre élection, n'importe com- » ment ; à la vérité, *vous devez vous trouver trop au dessus de* » *telles insinuations, pour vous en affecter sérieusement.* . . .

» Je n'ai pas besoin de vous dire que tous ces imprimés pu- » bliés à l'occasion de votre élection ne sauraient changer en » rien les sentiments d'estime et d'amitié que nous vous por- » tons ; et, en mon particulier, je vous prie, mon cher collè- » gue, d'agréer les nouvelles assurances de mon bien sincère » attachement.

» *Signé* : BESSON ,

» Pair de France, président du Conseil » général de la Seine.

» à Paris, le 28 décembre 1846. »

» M. Ganneron, vice-président du conseil municipal, a donné également à M. Lavocat un certificat arraché par son insistance ; il faut convenir, toutefois, que M. Ganneron ne saurait avoir, en ce qui touche la conduite de M. Lavocat vis-à-vis d'Hourdequin, une bien grande autorité. Je trouve, en effet, dans les débats de ce dernier, la preuve que M. Ganneron, ayant à vendre une maison à la ville, a fait remettre 3,000 fr. de pot-de-vin à Hourdequin. Il eût été dès lors plus sage de ne pas recourir à son témoignage, qui ne saurait être désintéressé. Toutefois, en cédant aux obsessions de son ancien collègue, il l'engage aussi à ne pas faire de procès. « Vous auriez bien fait, lui écrit-il, de n'en tenir aucun » compte. » Tous les autres conseillers gardent un silence bien significatif dans une cause comme celle-ci. Je dis qu'ils gardent le silence, et cependant permettez-moi d'appeler votre attention sur la déposition d'un conseiller municipal dont on n'a pas parlé, de M. Lambert de Sainte-Croix. C'est un homme intéressant dans la cause, car M. le président avait cru que les notes constatant le vote du conseil étaient de lui; il protesta avec force. Si la chose était indifférente, si M. Lambert n'en avait pas senti toute la gravité, et n'avait pas compris que l'accusation du président, qui prononçait son nom dans cette affaire, entachait son honneur, il n'eût pas protesté, il n'eût pas dit que le blâme de cet acte devait être renvoyé à son auteur, parce qu'il y avait là quelque chose de contraire aux devoirs des conseillers municipaux.

» Eh bien ! je demande si M. de Boullenois est bien coupable d'avoir insisté sur un pareil fait? si son honneur, à défaut de celui de M. Lavocat, n'a pas dû s'éveiller en voyant M. Lavocat garder le silence sur les interpellations qui lui étaient adressées par la presse parisienne, et s'il n'a pas exercé un droit légitime et obéi au sentiment de son devoir en appelant la discussion, c'est-à-dire la lumière de la vérité sur un pareil fait ?

» M. de Boullenois a déclaré qu'il n'avait jamais eu la pensée d'imputer à M. Lavocat une complicité avec Hourdequin, et vous ne trouverez rien dans ses écrits qui autorise M. Lavocat à tenir le langage que vous avez entendu. M. de Boullenois n'a voulu qu'une chose, obtenir des explications de M. Lavocat; et quant à lui, si un soupçon est demeuré dans son esprit, ce n'est pas celui d'une complicité, mais celui d'une faiblesse; il a cru que, se laissant aller à je ne sais quelle intimité avec Hourdequin, M. Lavocat lui avait envoyé imprudemment le vote de l'assemblée sur une question qui l'intéressait. Mais il y avait plus qu'une inconvenance, il y avait oubli de tous ses devoirs ; car il ne faut pas dire que, selon les exigences de la circonstance, on peut introduire dans le sein d'un conseil secret une personne qui n'y doit pas avoir accès. Non, les règles, sur ce point, doivent être rigoureuses ; le devoir n'admet pas de tempérament. Le Conseil municipal délibère à huis-clos ; celui de ses membres qui envoie à un étranger le vote de chacun d'eux viole ouvertement ses obligations et mérite un blâme sévère ; et, quand il se présente pour briguer les honneurs de la députation, on a bien le droit de l'interpeller sur un pareil fait.

» Un dernier mot sur cette étrange production que M. Lavocat n'a pas craint de faire en présentant à votre barre un témoin, et quel témoin ! qui, par aberration d'esprit, serait tombé sous l'inspiration et le commandement de M. Lavocat, qui a essayé d'insinuer que M. de Boullenois avait été fouiller dans la vie privée de M. Lavocat pour y rechercher des dissentiments de famille. Votre conscience vous a dit ce qu'il fallait penser de la convenance d'une pareille accusation dans la bouche d'un pareil homme, et je m'étonne que M. Lavocat n'ait pas compris tout ce qu'il y avait d'indigne dans la production de ce certificat qu'il a été arracher à la faiblesse d'un employé de la préfecture qui porte le nom de Boullenois, exploitant les dissidences de famille et ne craignant pas de jeter dans la discussion un nom qu'il ne parviendra pas à déshonorer à son profit.

» Vous n'avez pas craint d'insinuer, contrairement à une vérité que vous savez et que vous dénaturez à dessein, que M. Boullenois n'a pas d'autre parent que cet homme, qui ne rougit pas, en portant le même nom que l'accusé, d'accabler celui-ci par un témoignage plein de lâcheté et d'ignominie. Vous savez bien que M. de Boullenois comparaît à l'audience entouré de sa famille, assisté de ses deux frères qui, autant qu'il leur est possible, partagent la solidarité de sa position ;

mais vous étiez bien aise de le percer au cœur, vous qui parlez toujours de stylet et de poignard. Oui, un pareil témoignage vous était interdit, il ne vous était pas permis de faire descendre le parent contre le parent, de vous servir d'une lettre signée *de Boullenois*, afin de perdre un homme que vous savez honorable et qui est soutenu par ce qu'il y a de plus pur et de plus considéré dans le pays. Eh bien! de pareils procédés font juger vous et votre cause?...

» Mais MM. les jurés n'en ont pas besoin; ils se rappelleront que dans tous ces débats il n'y a qu'une seule question, non pas celle de l'honneur de M. Lavocat, de sa fortune politique, de ses espérances futures.... Qu'il continue son œuvre, qu'il gouverne le pays, dont il est le représentant, qu'il dispose des mairies et des justices de paix, qu'il soit omnipotent auprès du Ministère, qu'il fasse courber le genou par tous les employés de l'existence desquels il dispose : à lui permis! Mais que, pour le besoin de sa grandeur, il prétende disposer aussi de la justice, qu'il veuille tenir le fil de nos consciences comme il tenait le fil de la pensée du criminel auprès duquel il est descendu, qu'il fasse intervenir dans la lutte les noms les plus augustes et les plus respectés, et qui devraient être ménagés surtout par lui, qu'il interprète de la manière la plus inconvenante la présence du haut magistrat qui veut bien participer à ces débats, voilà ce qui devait lui être interdit.

» Eh bien! quand vous serez entrés dans la chambre de vos délibérations, vous vous demanderez : M. de Boullenois est-il un diffamateur? a-t-il voulu perdre M. Lavocat, et, poussé par un sentiment d'animosité et de haine, détruire sa considération et son honneur? Vous direz : Non, il a obéi à une pensée de tout autre nature; il a voulu qu'un candidat, se présentant devant ses pairs, leur donnât des explications catégoriques. Il sortira de ce procès complétement justifié, et, quant à son adversaire, je le renvoie aux prochaines élections; là, le jugement du pays l'attend. Je persiste dans mes conclusions. »

(Une longue agitation succède à cette plaidoirie. Me Jules Favre se voit aussitôt entouré et félicité par les membres du barreau du département, qui s'étaient donné rendez-vous à Mézières pour assister à ce débat solennel.)

M. le procureur général prend ensuite la parole.

VIII. — RÉQUISITOIRE DU MINISTÈRE PUBLIC.

« Messieurs les jurés,

» Si nous pouvions nous préoccuper d'autre chose que de justice et de vérité, si notre pensée pouvait ne pas se renfermer dans ce cercle étroit, nous hésiterions à prendre la parole en ce moment. En effet, vous le comprenez, à la suite de ces longs débats, lorsque de part et d'autre de si grands et si brillants efforts ont été faits, nous sommes encore sous le charme de la parole des deux adversaires. Nous pourrions reculer devant l'accomplissement immédiat d'une tâche qui présente bien ses difficultés. Mais à quoi bon! Au milieu de cette immense discussion que remplissent tant de faits, tant de considérations, l'intérêt social, l'intérêt de la vérité, nous dominent seuls. La voix impartiale du ministère public va donc se faire entendre.

» Pour nous, Messieurs, à la suite de ces débats, tracer rapidement ce qu'il est essentiel que vous connaissiez, formuler devant vous en termes simples et clairs nos impressions, c'est dire quelle est notre conviction sur la nature et les caractères du délit. Voilà notre tâche. Nous n'en avons pas accepté d'autre, et il n'y a pas de puissance capable de nous en imposer une différente de celle-là.

» Nous sommes l'organe de la justice, l'organe de la vérité; nous pouvons nous tromper; mais, nouveau venu dans le ressort, nous n'y donnerons jamais le spectacle déplorable d'un magistrat obéissant à des inspirations étrangères. (Mouvement.)

» Vous aurez donc foi dans nos paroles ; non pas que nous ayons la prétention de vous dicter votre verdict, mais parce que nous vous parlerons avec une conviction profonde.

Il est inutile de commenter un fait, celui de notre présence, qui se place dans l'ordre légal et rationnel de nos attributions...

» Et puis, je n'hésite pas à le proclamer, oui je trouve que ce procès a de la gravité ; je crois que lorsqu'un homme appartient au pays par des fonctions diverses et élevées, qu'il est député, qu'il a été placé glorieusement comme colonel à la tête d'une légion de la garde nationale, s'il n'y a pas cette solidarité dont on a parlé entre un tel homme, le roi et le pays, il y a du moins pour lui un besoin de protection plus grand ; il est bon que le chef du parquet vienne lui même explorer les faits, afin de rendre hommage à la vérité.

» Y a-t-il diffamation ?

» Nous ne reviendrons pas longuement sur les faits.

» M. Lavocat était depuis longues années député de l'arrondissement de Vouziers ; M. Lavocat se présentait encore, en 1846, aux suffrages de ses concitoyens quand, au moment extrême et fatal où l'élection allait se faire, l'écrit que je tiens entre les mains fut distribué.

» Cet écrit était conçu et publié de telle façon, que M. Lavocat n'avait pas le temps nécessaire pour répondre, car on lui demandait des preuves authentiques et convaincantes.

» M. Lavocat, alors que l'heure de l'élection allait sonner, pouvait-il apporter des preuves judiciaires et authentiques ? Le plus simple bon sens dit que cela n'était pas possible.

» Je suppose que M. Lavocat eût eu le temps nécessaire pour se livrer à ces explorations ; qu'il eût pu faire, sous les yeux de M. Boullenois, les justifications qu'il a faites à votre audience, ne lui aurait-on pas dit : « Mais ces justifications » n'ont rien d'authentique. » On le lui aurait dit d'autant plus dans une lutte purement politique, qu'on le lui dit dans une lutte judiciaire. N'est-ce pas, en effet, ce que vous voyez. M. Lavocat produit, à notre sens, des justifications complètes. Eh bien! On ne répond pas moins à M. Lavocat: « Il reste dans votre conduite quelque chose d'obscur et » d'inexpliqué. »

» M. Mortimer-Ternaux écrit une lettre que vous connaissez. C'est bien quelque chose que cette lettre émanée d'un pareil homme. M. de Boullenois aurait pu réfléchir et se dire : J'accuse M. Lavocat de complicité dans des actes de concussion; je suis démenti par M. Ternaux... Je me rétracte. — Loin de là, il n'en persiste pas moins, et il persiste avec plus de force dans ses accusations. Plus M. Lavocat se justifiait, plus le diffamateur marchait sur lui, si bien que M. Lavocat a enfin senti le besoin d'en appeler à la justice.

» Vous ne voudrez pas qu'un citoyen reste désarmé devant la justice contre la diffamation qui le poursuit avec audace.

» Si dans la chambre de vos délibérations vous lisez avec soin les écrits incriminés, je suis convaincu que vous arriverez bientôt à la certitude que le délit existe.

» Je ne vous entretiendrai pas long-temps de ce qui concerne l'affaire Fieschi? Je ne veux pas vous parler de ce drame horrible. Il n'y a ici qu'une pensée, c'est que ce crime avait pour unique but de porter dans la société le désordre et la consternation. Il était évident que cette horrible machination n'était pas l'ouvrage d'un seul homme; il est évident qu'au fond de ce complot il y avait une faction. Faut-il donc jeter la réputation et l'honneur de M. Lavocat aux gémomies parce qu'il a obtenu des aveux de Fieschi?

» Il a pris conseil pour cela de M. Thiers, qui était, qui est encore l'un des hommes les plus éminents du pays pour le talent et l'autorité; il a pris conseil de M. Passy, dont tout le monde connaît l'extrême délicatesse : il a voulu s'appuyer sur le conseil de ces deux hommes. Pourquoi? Est-ce parce qu'il allait faire une action déshonorante? — Non! mais parce qu'il allait faire un acte exceptionnel, extraordinaire, solennel.....

» Il arrivera à rendre à la société le service de découvrir un complot; cédant aux conseils qui lui sont donnés, il descendra dans la prison de cet homme et obtiendra la révélation de son secret. Est-ce une action qu'on ne puisse avouer en présence de la Chambre des pairs, devant le pays, devant la France et l'Europe entière, lorsqu'un homme aussi éminent par son caractère et par ses services que M. le chancelier Pasquier a adressé à M. Lavocat les paroles qu'on a rapportées, lorsque M. Lavocat, se croyant sous le coup d'un reproche, a dit :

« Mais, Monsieur, je n'ai pas à me justifier... — Ce n'est » pas une justification que je viens vous apporter, s'est écrié » M. Pasquier, c'est le témoignage d'estime de toute la » Chambre. »

» En présence de tels souvenirs, je vous le demande du haut de ce siége, qui est un siége de justice, un siége de vérité, s'il y a eu quelque chose d'irrégulier, quelque chose qui n'est pas écrit dans le Code de procédure criminelle, dans la démarche de M. Lavocat, n'y a-t-il pas eu un service rendu au pays?

» Du reste il ne faut pas rien exagérer, ce n'est point par suite des révélations faites à M. Lavocat que les noms de Morey et de Pépin sont parvenus à la justice. »

Après avoir déclaré que la conduite de M. Lavocat n'a rien eu que de parfaitement honorable dans l'affaire Fieschi, M. le procureur général arrive aux faits du procès Hourdequin. Il retrace les antécédents et les principales phases du procès.

« M. Lavocat, poursuit-il, cédant aux obsessions de M. Hourdequin, lui a fait connaître par quelques notes jetées rapidement sur une feuille de papier l'état de la délibération du conseil; mais ces indications n'avaient rien de sérieux.

» Eh! quoi? M. Lavocat, comblé des faveurs du gouvernement, directeur d'un grand établissement, chef d'une légion de la garde nationale, commandeur de la Légion-d'Honneur, a voulu être l'agent révélateur de Fieschi! Il a voulu être le complice d'un concussionnaire! Il va se plonger dans cette ignominie? Il a fait une note... et cette note... c'est une satire, et il la montre en riant à un membre du conseil municipal qui est assis à ses côtés! Cela n'est pas possible. Vous sentez bien que la raison condamne de telles suppositions. Il faut juger les actions du moins d'après les données du cœur humain. Si vous vouliez faire des choses coupables, déshonorantes, vous vous cacheriez, vous craindriez d'être découverts. Toutes ces circonstances ne laissent aucun doute sur l'innocence complète de la communication que faisait M. Lavocat à Hourdequin.

» On dit : M. Lavocat n'en a pas moins communiqué une délibération secrète du conseil municipal. Mais beaucoup de bons esprits pensent que les séances des conseils municipaux devraient être publiques : il n'y a donc là rien de bien grave. Il ne s'agissait pas, vous ne sauriez trop le remarquer, d'une affaire qui pût procurer des bénéfices illicites à Hourdequin. Il s'agissait de rassurer la responsabilité morale de cet employé.

» La justice a dit son dernier mot sur cet épisode du jury et de la Cour d'assises de la Seine. Dans leur opinion, comme dans l'opinion de tous les hommes qui se sont occupés de cette affaire, la conduite de M. Lavocat a paru exempte de reproches.

» M. de Boullenois, qui est un homme éclairé, n'a pas pu se tromper. S'il a lu le procès Hourdequin (et il a dû le lire puisqu'il en parle), il a vu non seulement que les notes qu'il impute à crime à M. Lavocat, non seulement ne tendaient pas au but qu'il suppose, mais étaient complétement indifférentes et innocentes.

» Il n'y a pas de bonne foi possible. M. de Boullenois a inséré dans son écrit un article du *Siècle* et une rectification de ce journal; cela le mettait sur la voie de nouvelles investigations qu'il doit s'imputer de n'avoir point faites.

» M. de Boullenois a accusé M. Lavocat de complicité dans les concussions d'Hourdequin; devant le juge d'instruction il s'est rétracté; puis la diffamation a relevé la tête à l'audience. Le prévenu a demandé à faire entendre des témoins pour prouver la prétendue complicité de M. Lavocat dans de nouveaux faits de concussion; voilà comment la calomnie marche! »

M. le procureur général donne lecture du premier article incriminé, en le commentant et en s'attachant à faire ressortir les caractères du délit de diffamation qui existe, selon lui, dans cet écrit.

« J'y trouve, dit-il, le délit de diffamation parfaitement caractérisé. J'y trouve des indices qui ne me permettent pas de penser que M. de Boullenois est de bonne foi.

» Maintenant, si je voulais présenter la conduite de M. de Boullenois sous un jour plus fâcheux, je lirais le second écrit. M. de Boullenois aurait dû s'arrêter après la lettre de M. Mortimer-Ternaux. Eh bien, non! Le second écrit est plus envenimé que le premier. L'auteur cite un nouveau fait: il accuse M. Lavocat de complicité avec Hourdequin. Il va jusqu'à insinuer que M. Lavocat a fait gracier Hourdequin par suite de cette complicité.

» Si je voulais aggraver la position du prévenu, je me prévaudrais en sens inverse de ce qu'a dit son honorable défenseur, de sa candeur, de son apparente sincérité. Il a compté sur l'attitude qu'il prenait pour mieux accréditer la diffamation. Je ne sais pas s'il ne faut pas voir dans cette attitude un degré de culpabilité de plus.

» M. Lavocat a bien fait de demander réparation à la justice. Auriez-vous mieux aimé qu'il fît appel à d'autres réparations? Il faut que l'honneur des citoyens soit protégé. Pour justifier ses imputations diffamatoires, M. de Boullenois s'est livré, à l'audience, à des diffamations nouvelles. Une répression est nécessaire.

» Je ne vous tiens pas ce langage parce que M. Lavocat est dans une haute position : je prendrais de même fait et cause pour un homme qui se trouverait dans la position la plus modeste ; mais, plus un citoyen est dans une position élevée, et plus aussi il a à craindre de la diffamation. Sans doute, si M. de Boullenois était acquitté, M. Lavocat pourrait encore se montrer à Paris à la tête de la légion si brillante qu'il commande, serrer la main de ses amis, de ses collègues ; mais dans certaines classes de la société il resterait d'un verdict négatif quelque chose de défavorable pour lui.

» Ce verdict, vous ne le rendrez pas ; vous reconnaîtrez que la diffamation existe. A la Cour il appartient de mesurer l'application de la peine ; ce n'est pas nous qui nous opposerons à l'indulgence ; mais vous condamnerez. Si vous ne le faisiez pas, vous jetteriez le germe d'une profonde perturbation dans le pays. »

Après ce réquisitoire, l'audience est suspendue pour être reprise à neuf heures du soir.

Les curieux, qui ont rempli toute la journée la salle et les abords du Palais, restent avec persévérance à leur poste. Dans la tribune remplie par les dames, nous ne voyons pas, à la reprise de l'audience, une seule place inoccuppée ; non moins avides que les Parisiennes des luttes judiciaires, les belles dames de Mézières, de Charleville, de Sedan, en sont peut-être à désirer des péripéties plus palpitantes, des émotions plus fortes, des épisodes plus poignants. Quoi qu'il en soit, à minuit, pas une d'elles n'a déserté la salle d'audience.

AUDIENCE DU SOIR.

IX.—RÉPLIQUE DE Me LÉON DUVAL.

Me Léon Duval réplique en ces termes :

« Messieurs,

» J'éprouve un grand embarras : si je réplique, mon adversaire vient de vous le dire, c'est que je sens ma cause perdue; si je m'abstiens de répliquer, ce sera bien pis, j'aurai confessé ma défaite et amené mon pavillon. Dans cette perplexité je me décide à vous demander encore quelques moments d'attention; car, après avoir entendu le brillant défenseur de M. de Boullenois, je regarde comme un devoir de redresser les faits parce qu'ils ont été dénaturés, et les doctrines parce qu'elles donneraient trop beau jeu à la calomnie.

» Il faut d'abord répondre à un reproche qui m'a étonné. Il paraît qu'il y a à Mézières un journal pour qui les esprits forts peuvent se dispenser d'égards, attendu qu'il est ministériel.... Il paraît que ce journal a pris trop chaudement le parti de M. Lavocat..., si chaudement, que mon adversaire se fâche et qu'il vous peint, messieurs les jurés, comme délibérant sous l'oppression du ministère. Je ne connais pas l'article, mais je n'ai pas l'habitude de renier mes amis. Si donc il a pris en main la cause de l'offensé, s'il a résisté aux grands airs, aux violences, à l'intolérant langage des journaux de l'anarchie, je l'en remercie, je l'en estime; c'est là qu'est aujourd'hui le courage; je suis heureux de lui en témoigner ma sympathie. Quant à dominer le jury...., je n'ai jamais entendu rien d'aussi fort dans les débats judiciaires. Nous avons eu des ministères de toutes les nuances, même des ministères patriotes, car il me semble que M. Dupont de l'Eure l'était... et de son temps il y a eu exemple de procès de presse. Je voudrais bien savoir quel est le ministère qui a été assez fort, assez influent, tenant le pays d'une main assez compacte, pour être accusé d'avoir dominé le jury! Non, non, si le jury a des faiblesses, ce n'est pas de ce côté là qu'il penche; si quelqu'un est petit devant lui, ce n'est pas l'offenseur, c'est le fonctionnaire. Vous venez d'en avoir la preuve. Il plait à M. de Boullenois de jeter des affronts à M. Lavocat; aucun homme si patient qu'il fût ne voudrait en tolérer de semblables. M. Lavocat use de son droit; il traduit pardevant vous l'auteur des outrages, qu'arrive-t-il? les outrages recommencent, et la défense de M. de Boullenois est son troisième libelle, plus amer et plus injuste que les deux autres! En vérité, voilà un homme qui se défend devant un jury dont il a peur, et voilà un diffamateur bien intimidé!

» Laissons donc là ces fantômes et venons au vrai. Le vrai, c'est qu'en toute démocratie, celui qui a occupé des emplois publics, eût-il payé ses honneurs de son repos et de son sang, trouve le plus souvent de la froideur, de la défiance, des préventions dans la foule qu'il a servie. Voilà ce qui est mal; voilà ce qui découragerait les gens de bien si vous n'y mettez du bon sens et de la fermeté. Je ne connais pas de pire déception que celle d'un semblant de justice qui dirait: « Bah! » ce n'est qu'un fonctionnaire! » Ce fonctionnaire, songez-y bien, est des nôtres; l'un l'a coudoyé au collége, l'autre au régiment, et celui-là sous le feu et sur le champ de bataille. Sachons lui gré d'avoir compté sur la justice du peuple.

» Me voici maintenant aux deux faits que M. de Boullenois a triés dans la vie entière de M. Lavocat, pour lui faire expier la grandeur de sa fortune. Que dit la loi, et qu'avez-vous à juger? La loi dit que la vie privée est sacrée dans tous les cas, que la vie publique peut être attaquée, mais à condition de faire sa preuve. Qu'est-ce que la défense que nous venons d'entendre?... Oh! un chef d'œuvre d'esprit, de grâce et de malice... Mais, au fond, en quoi a-t-elle réalisé le programme de la loi? On vous a lu une biographie qui assure que M. Lavocat est un homme avide, et qui a tous les appétits de l'ambition; mais s'il suffisait de produire une biographie pour déshonorer un homme public, nous serions certainement le pays le plus déshonoré de l'Europe... Et il n'y aurait pas de remède à ce malheur, car tant qu'il y aura des places à envier, il y aura des biographies.

» On a avancé pour M. de Boullenois qu'il défend la cause du pays contre un homme en place. Puisqu'on m'y force, je vous assure qu'il n'en est rien. La vérité est que les libelles publiés par M. de Boullenois sont une vengeance toute privée, et que le pays n'y est pour rien. M. Lavocat a été assez heureux pour aider divers membres de la famille Boullenois à obtenir des emplois de finance. J'ai dans les mains des lettres qui le prouvent, une entre autres d'un beau-frère de M. de Boullenois, qui remercie M. Lavocat de ce qu'il a fait pour un très proche parent; et si ce parent avait pu être nommé garde général des forêts de l'état, le grand agitateur des élections de Vouziers aurait certainement privé le pays de ses libelles. Malheureusement il y a dans l'administration forestière une hiérarchie et des conditions d'aptitude inflexibles, il n'en a pas fallu davantage pour que M. de Boullenois tournât le dos à M. Lavocat.

» Mais en quoi M. de Boullenois a-t-il réussi à faire la preuve de ses diffamations, ou à leur trouver une excuse? Par exemple, sur l'affaire Hourdequin, mon adversaire cherche à vous donner le change en m'étouffant sous les fleurs: j'ai lu les documents du procès avec esprit, j'ai ajouté avec esprit, j'ai retranché avec esprit..., et voilà comment j'ai produit un moment d'illusion! Certes, la sincérité de ces aimables éloges n'a rien qui me soit suspect; cependant je dois dire une chose : dans les débats judiciaires, toutes les fois qu'on me fait compliment sur mon esprit, je tremble qu'il ne me soit échappé quelque sottise.

» N'importe, précisons les faits et résumons notre démêlé. M. de Boullenois a inondé les élections de deux écrits; ces écrits disent en termes qui ne sont que trop clairs, que M. Lavocat a trafiqué avec Hourdequin, et qu'il a prostitué le secret du conseil municipal à cet intérêt sordide. Est-ce prouvé? Non, c'est même désavoué. Mais, prenez garde, c'est là une satisfaction qui ne me suffit pas. Cette satisfaction vous la nierez demain, et le libelle restera; il me faut donc une condamnation qui le châtie. Vous avez imprimé qu'il s'agissait d'un marché à forfait, et que M. Lavocat aidait Hourdequin à s'en assurer le profit. Vous n'avez pas même essayé de maintenir cette calomnie.

» Mais, dites-vous, M. Lavocat n'a pas été réélu au conseil général, et il a manqué, depuis, sa réélection au grade de lieutenant colonel de la garde nationale; il faut bien qu'il en soit resté quelque chose. — Il était difficile que M. Lavocat fût réélu quand il abdiquait toute candidature; et il était tout aussi glorieux, ce me semble, de faire accepter son successeur à la population parisienne. Or la lettre de M. Méder explique pertinemment pourquoi, après neuf ans de fonctions municipales, M. Lavocat s'est abstenu de se mettre encore sur les rangs, et comment son héritier *improvisé* recueillit sa succession sous son patronage. D'ailleurs quelle logique est la vôtre? Si la non-réélection prouve en faveur de vos libelles, que signifiera donc l'élection de M. Lavocat au grade de colonel de la garde nationale, dont il a été honoré au milieu du bruit de vos diatribes?

» Enfin vous m'accusez de n'avoir produit dans ce procès que cinq suffrages puisés dans le conseil général de Paris, et vous en concluez que tous ceux qui n'ont pas purgé M. Lavocat de vos accusations les confirment. J'ai mis dans le débat une justification émanée du président du conseil municipal, et une autre de son vice-président; j'y ai aussi amené l'honorable secrétaire du conseil en personne, pour qu'il répondît à toute interpellation sur les faits qui pouvaient laisser des doutes. La tête et le cœur du conseil municipal, c'était assez, si je ne me trompe. Permettez-moi de plus de retourner votre argumentation. Ceux des membres du conseil municipal qui ne sont pas ici sont pour moi, et non pour vous, en bonne justice; car ce n'est point à moi à faire une preuve négative, c'était à vous qu'il incombait de prouver, et pour peu que vous eussiez compté sur quelque membre du conseil municipal, vous n'auriez pas manqué de lui faire faire le voyage.

» La défense de M. de Boullenois a-t-elle été plus heureuse sur le procès de Fieschi ?

» Est-il vrai que M. Lavocat ait fait servilement de la police dans cette procédure tragique? Est-il vrai qu'il ait livré au bourreau deux hommes que Fieschi avait entraînés? Vous savez ce qu'a fait M. Lavocat: M. le Chancelier de France l'a pris par la main, et l'a conduit dans le cachot de Fieschi; la Cour des Pairs l'a remercié de l'avoir secondée. Aujourd'hui que nous savons la vérité sur ce complot tramé par d'obscurs fanatiques, il est facile de se montrer pointilleux; mais souvenez-vous de l'épouvante qui se répandit alors dans la société, et dont un historien républicain nous rend témoignage dans l'*Histoire de dix ans*; souvenez-vous des malédictions de tous les partis sur cette boucherie d'assassins, et demandez-vous si celui là n'eût pas été couvert de mépris qui eût reculé devant ce secret, et tremblé devant les vengeances prédites! Pour moi, j'en conviens, l'approbation de la Cour des Pairs me suffit; et je ne suis pas de ceux qui pensent que le bien et le mal soient choses assez indifférentes pour qu'en si haut lieu elles eussent été confondues.

» S'en suit-il qu'il soit toujours bon d'intervenir étourdiment dans toute instruction criminelle? Non, sans doute; les officieux et les indiscrets ne valent rien en quoi que ce soit, ils seraient odieux dans la tâche de la justice. Mais Dieu est le maître de l'occurrence, de l'accident, de ce que nous appelons le hasard, qui découvre les crimes cachés dans la nuit la plus profonde.

» Un jour, dans la solitude où le meurtrier se croit abrité, Dieu met un enfant, un insecte, un brin d'herbe qui diront où et sous le couteau de qui le sang a coulé... Un autre jour il fera qu'un assassin, qu'un prodige de perversité, qui vient de semer la mort dans une foule réunie pour une fête, s'attendrira tout à coup à la vue d'un homme de bien et au souvenir de ses bienfaits.... Le peuple ne s'y trompe pas, il appelle cela *le doigt de Dieu*, et il exprime avec grandeur une idée vraie.

» Le dirai-je, au reste? nos sympathies ne sont pas les mêmes: les vôtres étaient à la barrière Saint-Jacques; vous les accordez aux deux malheureux que Fieschi a désignés pour l'échafaud. Mais les miennes sont ailleurs, elles sont pour cette longue file de cercueils qui traversa Paris sous nos yeux, pour ce lugubre cortége que je vois encore poindre sur le boulevart, qui commençait par la dépouille mortelle d'une jeune fille et finissait par celle d'un maréchal de France....!!

» Et maintenant je ne répondrai plus qu'à cette insinuation cruelle, que M. Lavocat a fait de Fieschi un instrument pour sa fortune. Exécrable accusation, pour vous qui savez que M. Lavocat ferma la bouche au révélateur, quand celui-ci jeta les soupçons sur les républicains, et quand il agrandit le cercle du forfait en y faisant entrer toute une secte! Mais il y a plus, il m'est arrivé tout à l'heure une lettre qui va vous montrer comment M. Lavocat se conduisait avec Fieschi. Cette lettre est de M. Gillet, membre du Conseil général; elle atteste ce que je vais vous dire: M. Gillet voulut voir Fieschi dans sa prison, il y vint, et, cédant à un mouvement de commisération, il lui échappa d'exprimer quelque espoir que l'échafaud lui fût épargné. Mais M. Lavocat l'interrompit aussitôt, et dit à Fieschi d'employer ce qui lui restait de jours à se préparer à la mort, qu'il l'avait méritée et qu'elle était inévitable... A quoi Fieschi répondit : *Soyez tranquille, je vous ferai une belle mort !* — Il faut convenir que M. Lavocat n'était le courtisan ni du révélateur, ni du ministère.

» Je ne veux pas finir sans assigner aux accusations dirigées contre M. Lavocat leur vraie cause : aussi bien on se moquerait de nous si je ne la disais pas. Quoi ! tant de véhémence, tant de passion, tant de déchaînement, et au fond si peu... si peu de chose ! D'un côté un caractère éprouvé, un homme sûr et qui a mérité pour amis tous ceux de son temps dont l'amitié honore... De l'autre un écrit qui lui impute toutes les hontes ! A ces traits n'hésitez pas, et reconnaissez l'esprit de parti... l'esprit de parti qui nous gâte nos mœurs, et qui fausse tout ce qu'il touche.

» Oh ! je le sais, l'esprit de parti n'est pas scrupuleux, mais M. Lavocat s'en est fait un plus noble à son usage, et il a compris de plus haut ce qu'on se doit de générosité entre ennemis ? Vous savez ce que l'agitation de la Vendée avait excité d'irritations en 1831 ; les journaux républicains imprimaient alors qu'il fallait traquer les insurgés à coups de baïonnettes dans les buissons, comme des bêtes fauves. Au plus fort de cette sombre haine des guerres civiles, on vient dire à M. Lavocat qu'un Vendéen est cerné de façon à ne pouvoir s'évader, qu'il va être pris si on ne lui trouve un passeport et un asile. A cette époque de défiance, il fallait être du parti des vainqueurs pour obtenir un passeport sans inquisition et sans éveiller les recherches ; mais aussi, si l'auteur de cette fraude pieuse était découvert, il s'exposait à perdre la confiance des siens, et M. Lavocat y risquait, vous le savez, une position enviée. N'importe, M. Lavocat se dévoue, il prend un passeport pour une personne de sa maison, il le fait passer au proscrit, et il le sauve. Malheureusement après avoir protégé le fugitif, le passeport resta en Vendée, il y fut saisi, et M. Lavocat se trouva en butte à tous les soupçons. Qu'était-ce donc que cette intelligence secrète entre un colonel de la garde nationale de Paris et un des chefs de la Vendée? Il y avait là de quoi susciter des doutes terribles. M. Lavocat subit cet orage sans se plaindre. Traduit en justice, voici comment il se justifia :

« J'ai sollicité un passeport pour un homme qui appartient » à un parti que j'ai toujours combattu. Proscrit moi-» même pendant de longues années, frappé sous la Restau-» ration de deux condamnations capitales, j'ai pensé que je » pouvais protéger un ennemi vaincu, sans laisser à person-» ne le droit de suspecter les motifs de ma conduite. »

» M. Lavocat n'en fut pas moins condamné à cinquante francs d'amende, et il ne pouvait pas ne point l'être; mais l'organe du ministère public reconnut qu'il avait acquitté une dette d'honneur, et c'est là une quittance qui console.

C'est ainsi que M. Lavocat a toujours compris l'esprit de parti, et il en a été récompensé par les plus saintes émotions qui aient jamais fait battre le cœur d'un homme. En voici encore un exemple. M. Lavocat a été condamné à mort sur le réquisitoire de M. le comte de Peyronnet. En 1830, M. Lavocat retrouva son accusateur écroué au Luxembourg; et un jeu inouï des vicissitudes humaines remit en ses mains le soin de défendre la vie des accusés contre une population ivre de vengeance. M. Lavocat peut le dire sans orgueil, ce furent là de tristes et terribles journées. Des flots d'assaillants grondant au pied de la prison, une marée de têtes humaines montant toujours, gagnant toujours du terrain, menaçant à tous moments d'emporter les accusateurs, les accusés et les juges!....

» Comment M. Lavocat passait-il alors ses jours et ses nuits? Il faisait son devoir, il se mettait en travers partout où ce peuple égaré s'ouvrait un passage. Aussi quand le péril fut passé, M. de Peyronnet, qui avait été à la hauteur de son adversité par son courage, chercha l'occasion de revoir celui qui avait ainsi honoré son épée ; et le chancelier du roi Charles X se jeta dans les bras de M. Lavocat!.....

Applaudissons, Messieurs, à ces scènes qui nous relèvent. Gardons nos principes, mais honorons nos adversaires. La générosité pour les personnes n'est pas l'indifférence pour les idées, et il n'y a que les lâches qui assassinent leurs ennemis. »

Me Jules Favre se lève aussitôt pour répondre.

X. — RÉPLIQUE DE Me JULES FAVRE.

Me Jules Favre : — « Messieurs, j'avoue que j'admire, mais que je n'envie pas le courage que mon adversaire vient de mettre à étaler devant vous des anecdotes, des épigrammes qui, à coup sûr, à l'heure qu'il est, vous ont paru sans doute à tous assez étrangères au procès. Et, parodiant un de ces mots, je pourrais dire que j'ai trop de respect pour votre fatigue, que j'ai trop de fatigue moi-même pour essayer d'avoir autant d'esprit.

» Que M. Lavocat, dans la position qu'il s'est faite, soit dans la nécessité de recourir à de pareils moyens, je le comprends ; mais ces moyens ne toucheront pas vos consciences. Il ne s'agit pas ici de panégyrique de M. Lavocat ; il ne s'agit pas des exagérations à l'aide desquelles, grandissant tous ses services, et faisant un vieux soldat d'un homme qui a porté quelques mois l'uniforme dans la campagne de 1814, et qui, depuis, n'a eu d'autres services que ceux de sa manufacture des Gobelins, mon adversaire veut à tout prix attirer sur la tête de M. Lavocat un intérêt qui aurait pour objet la condamnation d'un innocent. Ce qu'il vous a dit a prouvé qu'il avait une mission de haine et d'injures à accomplir ; il s'est montré fidèle jusqu'au bout au rôle qu'il avait essayé de remplir dans la plaidoirie. Il n'a pas épargné les insinuations les plus malveillantes ; mais, encore une fois, de pareilles armes ne blessent que ceux qui les emploient. M. de Boullenois est au dessus de ces insinuations; vous aurez à juger et son écrit et l'intention qui l'a dicté; et si, comme moi, malgré toutes ces attaques, vous conservez cette conviction que son intention a été pure, que l'écrit ne contenait qu'une sommation adressée au candidat, lequel devait compte au pays de ses opinions et de ses actes, vous prononcerez en faveur de M. de Boullenois un acquittement, sans vous inquiéter de ses conséquences possibles sur la vanité blessée de M. Lavocat.

» Dans la position que j'occupe, c'est à de simples explications que je dois me borner. La défense a aussi tous les désavantages; elle lutte et contre le talent et contre le nombre; mes adversaires sont deux contre moi, et ce n'est pas du dernier, que vous venez d'entendre, que je devais attendre la générosité qui nous aurait épargné de plus longues explications. Il faut donc que je m'exécute, car c'est moi surtout qui représente les intérêts les plus sacrés de la cause; qui, aux termes de la loi, ai le droit de parler le dernier pour avertir vos consciences.

» M. le procureur général, avec la gravité de son ministère, est venu vous dire : « La parole que je prononce est » une parole indépendante et loyale. » Sans doute la haute position de M. Lavocat donne à ce procès plus de gravité, s'il est attaqué; les fonctions qu'il remplit peuvent s'en ressentir, et c'est pour venger son injure que le chef du parquet est intervenu dans le procès.

» M. le procureur général vous a dit : Vous jugerez l'é» crit. » Il a été jusqu'à confesser que l'appréciation qu'il en faisait était celle d'un homme qui n'en conservait pas moins toute son indépendance, et que, dans ce débat où nous luttons, c'est à vous qu'il appartient de prononcer sur le sort de M. de Boullenois.

» M. le procureur général, en parcourant les charges qui se dressent contre M. de Boullenois, vous a dit, en substance, que l'écrit incriminé contenait contre M. Lavocat des imputations d'une nature telle, que son honneur en était nécessairement atteint. Il n'y avait donc qu'une question à examiner, celle de savoir si M. de Boullenois avait été de bonne foi ; et M. le procureur général lui a refusé le bénéfice de cette excuse.

» Je lui en demande pardon, mais il a semblé oublier la matière dans laquelle s'agite ce procès, et l'enceinte où nous sommes. Sans doute, si nous étions devant le tribunal de police correctionnelle, là où le simple fait portant atteinte à l'honneur et à la considération d'un citoyen suffit pour entraîner la preuve de la diffamation, et la peine de la diffamation contre celui qui l'a allégué, il aurait raison. Mais c'est vis-à-vis d'un fonctionnaire public que l'attaque a été dirigée. Or, d'après l'esprit de nos institutions, le fonctionnaire public doit compte de chacun de ses actes à l'opinion publique ; celle-ci peut s'égarer : c'est vous, Messieurs, qui la maintenez dans les limites de la raison, de la modération et de la vérité. Mais, à la différence des simples particuliers, le fonctionnaire public ne peut pas dire : « Voici » l'injure. » La diffamation doit être prouvée ; il doit souffrir, dans cette enceinte où la vérité peut se manifester, la discussion libre des actes à l'occasion desquels il a cru devoir saisir la justice du pays.

» Ainsi, quand bien même nous n'aurions pas établi ce qui, je crois, est demeuré debout, malgré l'opinion contraire du procureur général : que, dans la lutte électorale où il se trouvait engagé, après les publications de journaux que j'ai mises sous vos yeux, après le silence que M. Lavocat aurait gardé en présence de ces publications, M. de Boullenois devait se croire dans l'obligation d'appeler, de la part de M. Lavocat, des explications précises sur chacun de ces faits ; quand bien même je n'aurais pas établi dans cette partie de ma discussion un rempart infranchissable, derrière lequel il est impossible que M. le procureur général puisse atteindre M. de Boullenois, il me resterait encore à examiner si M. de Boullenois n'a pas fait devant vous la preuve la plus complète de la vérité des allégations qui sont contenues dans l'écrit incriminé.

» A cet égard, je rencontre à la fois M. le procureur général et mon adversaire. Mon adversaire surtout, avec cette acrimonie de langage qui le distingue, vient nous dire : « Vous avez battu les mauvais lieux des environs de Paris ; » on vous a vu vous asseyant à la table des marchands de » vins, cherchant à recruter des témoins parmi les agitateurs, » votre société ordinaire. »

» J'avoue que j'éprouve un sentiment que je ne puis définir, car sa définition irait peut-être au delà des bornes de la modération, quand j'entends mon adversaire insister sur ce fait ; et je ne comprends pas comment il n'est pas honteux du personnage qu'il fait jouer à son client. Quand le témoin produit par M. Lavocat a paru, il a soulevé chez M. de Boullenois une pensée de dégoût bien naturel, car il était convaincu qu'il était à côté de la vérité. Lorsqu'en effet M. de Boullenois est allé visiter ce marchand de vins, (ce qui est permis, quoi qu'en dise mon adversaire), pour connaître un fait de la vie publique de M. Lavocat, sur lequel vous nous avez empêché de nous expliquer, il lui a parlé seul à seul ; et celui que vous avez entendu n'était pas présent à la conversation : ce qu'il nous a rapporté, il ne l'a pu savoir que par la police, que, pendant plusieurs semaines, M. Lavocat a mise aux trousses de M. de Boullenois.

» Mais vos oreilles ont entendu ce qui était favorable à votre client ; votre esprit s'est chargé d'interpréter ce que vous avez entendu : voilà pourquoi M. de Boullenois a repoussé ce témoin, sachant qu'il ne pouvait dire la vérité. Mais qu'il soit allé dans les cabarets !... il vous laisse un pareil rôle ; c'est vous qui avez produit des témoins pareils ; ne venez pas nous reprocher vos fautes, subissez-en la responsabilité. Si nous n'avons pas fait paraître de témoins sur les affaires Hourdequin et Fieschi, c'est que nous avions des preuves toutes faites de la vérité de nos allégations; et, quant au fait relatif à la tannerie, nous étions tout prêts à prouver ce que la loi, dont les lumières de la Cour ont été l'organe, ne nous a pas permis.

» Voilà notre position. Maintenant, est-ce que nous n'avons pas prouvé, et en ce qui concerne l'affaire Fieschi et en ce qui concerne l'affaire Hourdequin, la vérité des allégations qui sont imprimées dans le pamphlet de M. de Boullenois, comme on l'appelle?

» En ce qui concerne Fieschi, est-ce que vous avez révoqué en doute une seule des circonstances qui ont été par nous relevées? Vous vous êtes bornés à vous jeter dans des explications sur la grandeur des services rendus par M. Lavocat au pays; vous avez insisté sur le courage qu'il avait montré en consentant à se compromettre jusqu'au point de se faire le traducteur officieux de ce criminel qui venait dénoncer ses complices, pour lesquels vous savez que je n'ai pas plus de sympathies que vous... Mais vous n'avez pu vous empêcher de descendre à cette malice, qui prouvait que vous avez autant d'esprit que vous supposez que les autres n'ont pas de cœur. Mais, quant à la vérité des faits que nous avons articulés, ils sont historiques.

» Vous venez de nous dire que M. Lavocat a consenti à s'asseoir au chevet de Fieschi, parce qu'il y avait été introduit par les noms les plus considérables de France, le ministre de l'intérieur, le chancelier.

» Mon adversaire n'a pas senti ce qu'il y avait de grave dans une pareille défense; il serait dans mon droit et dans mon privilége de discuter son opinion, et d'examiner de quelle garantie morale peuvent être pour M. Lavocat, au point de vue de l'histoire, les cautions qu'il a nommées, et si mon adversaire le voulait, je pourrais lui dire que la justice, c'est-à-dire le pouvoir le plus élevé dans la société, se sert des instruments qu'elle a dans les mains pour arriver à la découverte de la vérité; elle peut exalter ces intruments, mais elle n'en conserve pas moins, sur la moralité des actes auxquels ils se résignent, une opinion qu'elle se garde d'exprimer, qu'elle réserve pour l'intimité de sa conscience, et qui n'en est pas moins sévère. En voulez-vous une preuve?

» M. le procureur général disait qu'il y a des positions difficiles et pénibles, que M. Lavocat s'était trouvé dans des circonstances qu'il peut déplorer aujourd'hui, et que personne de nous ne voudrait voir se réaliser à son préjudice....

» Qu'est-ce à dire, Messieurs? La pensée de M. le procureur général ne saurait avoir deux faces, et ces paroles montrent l'embarras qu'il éprouvait sur cette partie de la cause.

» Combattu qu'il était par la secrète répugnance de sa conscience, et dominé, d'un autre côté, par la nécessité d'expliquer la conduite de M. Lavocat, il était préoccupé de cette idée que M. Lavocat, par un sentiment de dévoûment à ses devoirs, avait pu faire une chose que M. le procureur général pourrait bien n'avoir pas faite à sa place; que beaucoup d'autres personnes, et de ces honnêtes gens dont mon adversaire voudrait avoir le monopole, et que je lui demande la permission de conserver aussi dans mon camp, voudraient n'avoir pas faite à la place de M. Lavocat. Je vous demande si ce n'est pas là la justification complète des doutes qui ont été émis par M. de Boullenois, alors que, rappelant les faits exprimés à satiété dans les journaux, jetés à la face de M. Lavocat sans que M. Lavocat y fît une réponse, il sollicitait de sa part des explications catégoriques sur cette partie de sa vie publique? Encore un coup, M. de Boullenois se faisait, sur ce point, l'organe de l'opinion générale, de cette susceptibilité naturelle au caractère français dont parle Louis Blanc dans son remarquable ouvrage (1), de cette susceptibilité qui amène les consciences délicates et timorées à blâmer l'acte que M. Lavocat a cru devoir faire. M. de Boullenois a pensé que c'était un mauvais renseignement pour un candidat à la députation, et il a désiré que M. Lavocat donnât des explications : il n'y a pas autre chose dans son écrit.

» Quant à l'affaire Hourdequin, il faut que je vous dise, en réponse à ce qui a été dit par M. le procureur général et par mon adversaire, que sur ce point comme sur le premier M. de Boullenois a fait sa preuve, et sa preuve complète : car enfin, M. Lavocat joue de malheur ; il est encore ici en rapport avec un homme qui plus tard a été condamné à quatre ans de prison pour concussions et malversations publiques.

» Cet homme avait, pendant de longues années, gagné la confiance de ses chefs par une conduite en apparence irréprochable, et qui n'était qu'une détestable hypocrisie. Cette hypocrisie, il l'a continuée même après sa condamnation, et plusieurs personnes sont demeurées ses amis, qui n'ont été que ses dupes.

» Quel n'a pas été mon étonnement quand j'ai entendu Hourdequin réhabilité ! Hourdequin, dit M. le procureur général, Hourdequin qui vendait la justice administrative, qui se faisait donner des pots-de-vin pour déshonorer la ville de Paris par de faux alignements, qui laissait moisir les plans dans les bureaux quand ils n'étaient pas accompagnés de quelques piles de cent francs, et qui faisait deux poids et deux balances pour le pauvre et le riche !

» Il m'est impossible de partager de pareilles sympathies. Cet homme a été flétri par la justice du pays ; le verdict du jury a été une œuvre de moralité et de sagesse, et c'est un malheur dans la vie d'un homme que d'avoir eu une intimité quelconque avec celui qui a eu une pareille fin.

(1) Histoire de dix ans.

» M. Lavocat a eu cet honneur; et, ce qui peut paraître équivoque, M. Lavocat, dans le sein du conseil, a fait passer à Hourdequin, aux obsessions duquel il cédait, la physionomie du conseil et le vote de chacun des membres qui participaient à la délibération. Le fait est-il vrai ou non?

» *M. Lavocat.* — Non.

» *Me Favre.* — Vous dites non. Je dis oui, d'après le compte rendu des débats; mais que vous ne l'ayez pas fait passer d'instant en instant, il n'en est pas moins vrai que vous l'avez f ait pase.

» Hourdequin avait un intérêt extrême à connaître les résultats de la délibération; voilà la vérité : elle a été prouvée à cette audience, et prouvée avec des arguments irréfutables. Que voulez-vous davantage?

» M. le procureur général a dit que l'écrit de M. de Boullenois avait paru si tard, qu'il avait été impossible à M. Lavocat de se justifier. Mais depuis le commencement de juillet M. Lavocat avait été attaqué dans la presse, précisément à raison des mêmes faits; son attention avait été éveillée dans des termes plus durs par *le National*, par *le Courrier Français*, par cette biographie qui n'est pas anonyme, comme l'a dit mon adversaire avec une telle dépense d'esprit, en vous faisant assister au martyre de tous ces hommes d'état, les uns accusés de concussions, et d'autres d'inceste. Et, en vérité, il y avait de sa part abus de commisération et de pitié, que d'appeler votre attention sur de pareilles souffrances. Ce n'était pas une biographie anonyme; elle était extraite du *National*, et je ne sache pas que jamais un journal ait été qualifié d'écrit anonyme.

» Eh bien! M. Lavocat, qu'on y représentait comme le confesseur de Fieschi et l'ami d'Hourdequin, avait bien dû s'attendre qu'il serait question de pareils faits devant les électeurs. Et voilà pourquoi, en publiant ses écrits le 27 juillet, M. de Boullenois laissait à M. Lavocat le temps nécessaire pour répondre. D'ailleurs que lui demandait-on? On lui demandait que, devant les électeurs, dans une communication franche et loyale, il fît connaître ses moyens de justification, et dissipât les doutes que les publications de la presse avaient pu faire naître dans les esprits. Et il ne faut pas aller jusqu'où le procureur général a voulu conduire l'intention de M. de Boullenois, lorsqu'en mettant sous vos yeux certains passages de l'écrit, il a dit : « L'insinuation est aussi claire que le » jour ; on a voulu rattacher les actes de M. Lavocat aux con» cussions d'Hourdequin. » Jamais cependant M. de Boullenois, interpellé devant le juge d'instruction et à l'audience, n'a entendu soutenir que M. Lavocat était le complice d'Hourdequin.

» Ce que j'ai dit, je le répète ; je ne veux pas que mon adversaire abuse de ma déclaration, qu'il la défigure pour surprendre votre religion. Je n'ai pas dit que je tenais M. Lavocat pour un homme dont l'honnêteté est à l'abri de toute espèce de soupçon ; mais j'ai dit que M. de Boullenois s'était contenté d'admettre le doute qui était dans tous les esprits, qu'il avait été le traducteur de la pensée publique, qu'il avait dit à un candidat qui se présentait pour la députation qu'il a laissé publier sur son compte des accusations capables d'inquiéter la conscience des électeurs, et qu'il doit répondre aux interpellations qu'on lui adresse.

» Voilà ma déclaration, dans laquelle je persévère, et qui, je l'espère, mettra la bonne foi de M. de Boullenois suffisamment en lumière, pour qu'il vous soit impossible de prononcer contre lui une condamnation.

» Toutefois, mon adversaire a essayé, à l'aide d'un certificat signé par un parent avec lequel M. Lavocat savait que M. de Boullenois avait été en délicatesse, à l'aide de je ne sais quel refus de faveur dont un autre parent de M. de Boullenois aurait à se plaindre, de jeter des doutes sur la moralité de ce procès.

» Voilà par quels misérables moyens ces hommes viennent ici, de mauvaise foi, chercher à jeter des doutes sur les intentions de leur adversaire. Mais avez-vous contre nous le commencement d'une lettre? Sommes-nous allés nous humilier devant votre grandeur de département? Non.

» Il ne vous est pas permis de calomnier un honorable citoyen; vous cherchez à jeter du venin partout, vous en avez besoin; mais il restera sur vous, il ne déteindra pas sur votre adversaire.

» M. de Boullenois, qui n'a jamais rien demandé, qui vit honorable, à l'abri de toutes ces suggestions qui vous dévorent; qui ne vous a jamais rencontré dans cette carrière d'honneurs où vous êtes toujours mécontent, M. de Boullenois, usant d'un droit légitime, vous a interpellé sur des imputations vis-à-vis desquelles vous avez gardé le silence.

» Je demande si une cause n'est pas jugée quand elle emploie de semblables moyens.

» On nous dit qu'en présence du certificat de l'honorable M. Ternaux, M. de Boullenois aurait dû s'abstenir, se rétracter même. Il ne l'a pas fait, il est allé plus loin dans son deuxième écrit, car il est allé jusqu'à incriminer M. Lavocat à propos d'une cession de terrain faite en 1831; et, à cette époque, il a affirmé qu'Hourdequin était au bureau de la voirie.

» Nous sommes heureux que l'adversaire ait bien voulu venir en aide à l'insuffisance de notre procédure, non pas que nous n'ayons eu des témoins tirés d'ailleurs que d'un cabaret, tout prêts à attester la vérité des faits; mais ils n'ont pu être entendus aux termes de la loi : mon adversaire est venu en aide à cette citation en parlant de différentes pièces se rattachant à cette affaire.

» Il y a deux faits sur lesquels j'appelle votre attention : le premier est la vente faite par M. Lavocat à la ville. Nous avons demandé à M. Lavocat une chose bien simple : « Vous allez comparaître devant les électeurs; dites-nous quelle indemnité vous avez reçue à l'occasion de la vente de votre propriété... » On appelle cela de la diffamation!

» M. Lavocat, qui savait avoir des reproches à se faire, nous a signifié l'acte; mais il n'était pas maître de le tronquer, et vous allez voir quelles singulières stipulations il contient, et s'il est possible de rencontrer quelque chose de plus fâcheux dans la vie d'un conseiller municipal.

» M. Lavocat vend une partie de terrain située dans la rue Saint-Hippolyte, c'est-à-dire dans un quartier désert, où les terrains n'ont aucune valeur; il la vend moyennant 144 fr. le mètre, c'est-à-dire 6,217 fr. Il est vrai que ce terrain était couvert d'une masure servant d'appendice à une tannerie: cette masure n'avait aucune valeur, et cependant il vend son terrain 144 fr. le mètre! Savez-vous combien, plus tard, en 1842, il achète le terrain de la ville, dans le même quartier, sur la Bièvre? 15 fr. le mètre. Il a donc fait un bénéfice énorme. Aussi l'acte de délibération du Conseil municipal contient un considérant précieux, qui prouve que les appétits de M. Lavocat, bien qu'ils aient eu une pâture fort opulente, n'étaient pas encore satisfaits.

» M. Lavocat, par ses recommandations, par ses démarches, avait réussi à obtenir du Préfet une indemnité sur laquelle le Conseil municipal donne un coup de sabre et dit que le système adopté était de nature à compromettre les droits de la ville.

» Il nous a signifié un certificat de M. le Préfet, qui établit les conditions moyennant lesquelles il a obtenu la cession ou l'échange de terrains. Il résulte de ce certificat que M. Lavocat a fait faire, au compte de la ville, des constructions nouvelles, à lui seul profitables, que la ville n'a pas voulu payer; mais, à force de démarches, il obtient une indemnité: ce n'est pas grand'chose que 600 fr., mais les petits ruisseaux font les grandes rivières. M. Lavocat, avec une adresse merveilleuse, se fait tout donner, il prendrait la ville de

Paris si on pouvait la prendre; et vous voyez que, lorsqu'il est question d'un supplément de travaux qui doit être à la charge de M. Lavocat, il a l'habileté de le faire payer à la ville; et, là-dessus, vous auriez pu entendre des témoins qui vous auraient donné des détails capables d'édifier complétement votre conscience.

» Eh bien! je vous demande si M. de Boullenois n'a pas été de bonne-foi lorsqu'il a conçu des soupçons sur la moralité de M. Lavocat comme conseiller municipal; s'il n'a pas usé de son droit quand il lui a demandé des explications sur chacune de ces particularités qui contiennent des mystères que M. Lavocat est forcé de tenir dans l'ombre; car, lorsque la lumière y pénètre, c'est pour montrer des actes dont il a à rougir.

» M. de Boullenois voulait que M. Lavocat donnât des explications franches et complètes; M. Lavocat l'a bien compris, et c'est pourquoi il ne les a pas données. Il a été trouver M. Mortimer-Ternaux, en mendiant un certificat, remède impuissant qu'il a été obligé d'accompagner de réflexions insultantes et injurieuses contre M. de Boullenois. Celui-ci n'a point fait de procès, comprenant que, dans la vivacité de la lutte électorale, il faut passer beaucoup à l'entraînement de l'esprit de parti.

» Mon adversaire a parlé de M. de Peyronnet, de M. de Martignac, de l'aventure de Ham, de ministre accusé d'inceste: je ne m'attendris pas sur des fictions; il aurait mieux fait de vous dire pourquoi M. Lavocat, devant les électeurs, ne s'est pas expliqué; pourquoi il nous a fait un procès précisément le jour où il se trouvait dans les angoisses d'un ballottage et dans la nécessité de se tirer d'un mauvais pas par un coup d'éclat; il aurait senti que le terrain lui manquait sous les pieds, et qu'il n'y avait, de la part de M. Lavocat, qu'une manœuvre électorale.

» M. le Procureur-général disait qu'il fallait, à tout prix, un holocauste dans cette affaire ; que la morale publique, que le repos des familles et de la société exigeaient que M. de Boullenois fût condamné ; et, toujours cédant à ce double sentiment dont son réquisitoire a été constamment empreint, il nous disait qu'il appartenait à la Cour d'être indulgente ; que, quant à vous, jurés, vous deviez vous montrer sévères.

» Il m'est impossible d'adopter une pareille doctrine, et surtout de ne pas protester contre son application possible.

» Non, vous ne pouvez admettre de semblables tempéraments : si M. de Boullenois est coupable, si, comme mon adversaire a essayé de l'insinuer, il a eu un honteux motif de vengeance personnelle, et a attaqué M. Lavocat pour avoir refusé sa protection à l'un des siens, frappez-le ! Mais si vous êtes convaincus, comme cela sort des débats, que M. de Boullenois n'a fait qu'user de son droit, qu'il a cédé au sentiment du devoir, que, se trouvant face à face avec M. Lavocat, il s'est dit qu'il y avait quelque chose d'équivoque et de louche dans la vie de cet homme ; que ce ne peut être sans raison qu'il a échoué deux fois devant les électeurs de Paris, qui ont refusé de le mettre même sur la liste des adjoints et des maires ; que ce ne peut être sans raison qu'il s'est retiré de la candidature du Conseil municipal ; si vous êtes convaincus que c'est là le seul sentiment qui a fait agir M. de Boullenois, si vous pensez comme moi que la vérité des faits qu'il a allégués à l'état de doute ressort de toutes les pièces et explications de ce procès..., encore un coup, sans vous préoccuper de l'effet de votre verdict au dehors (car ici les passions étrangères ne sauraient trouver accès), vous remplirez votre œuvre de justice et de vérité ; vous ne voudrez pas que que celui qui est innocent porte la peine du coupable, et vous prononcerez que M. de Boullenois, cédant à un sentiment honorable, n'a pas mérité la peine qu'on appelle sur lui. »

XI. OBSERVATIONS DE M. LAVOCAT.

M. Lavocat demande à présenter quelques observations, et dit :

« Mon avocat ne pouvait pas répondre, parce qu'il n'a pu les prévoir, aux allégations que Me Favre vient d'articuler. Je demande à la Cour la permission de rectifier les faits. Mais avant tout, Messieurs les jurés, je vous dirai qu'il faut que je sois bien sûr de moi, bien en paix avec ma conscience, pour n'être pas mort de honte en entendant cette série de méfaits développée avec tant de complaisance et d'acrimonie, et je mourrais de crainte si je n'étais en face de la justice. L'on s'est plu à confondre deux faits parfaitement distincts : l'un se rattache à l'élargissement de la rue Saint-Hippolyte, et l'autre à la canalisation de la Bièvre.

» En 1831, j'ai en effet abandonné à la ville de Paris 281 mètres de terrain bâti. Ils m'ont été payés 30,000 francs; j'en demandais 35,000. J'étais en conséquence dans la position d'en appeler au jury d'expropriation. Je finis par m'entendre avec la ville, et tout fut réglé amiablement suivant les règles habituelles. Cette affaire se conclut en décembre 1831, et je ne fis partie du conseil municipal de Paris qu'en 1834. On ne peut donc pas dire qu'en cette occasion j'ai exercé une influence comme conseiller municipal.

» Quant à la canalisation de la Bièvre, le fait qui s'y rapporte date de 1845. Les riverains de la Bièvre s'étaient, avant 1830, imposés à une somme de 500,000 francs; ils furent hors d'état de réaliser cette somme, et le conseil municipal de Paris réduisit à 100,000 francs cette contribution spéciale; mais ils contractèrent en retour l'obligation de se tenir mutuellement compte des différences en accroissement de terrain pour le redressement du lit de la rivière. A ce sujet, une commission, composée de deux architectes voyers, et de M. Huguet, tanneur, fut chargée par les riverains de régler les prix suivant les localités. Je cédai sur un point 11 mètres de terrain; il m'en fut rendu sur un autre 42 mètres 50 centimètres. La différence me fut comptée 15 francs le mètre, prix maximum de toutes les ventes et achats de terrains auxquels a donné lieu la canalisation. J'eus donc à payer à la ville une soulte de 472 francs 50 centimes. Je dois dire à ce sujet que les différences de prix signalées par l'avocat de mon adversaire entre les terrains vendus en 1831 et ceux achetés en 1845 s'expliquent par cette circonstance que le premier était non seulement un terrain libre de toute servitude, mais encore un terrain bâti, tandis que les derniers sont grevés d'une servitude de halage sur toute la rive de la Bièvre; en sorte que, pour cette partie, la propriété est pour ainsi dire illusoire. Cette dernière transaction avec la ville de Paris se conclut en 1845; j'avais quitté le conseil municipal en 1843. Ainsi, Messieurs, lors de la première affaire, il s'en fallait de trois ans que je fusse membre du conseil municipal, et quand se fit la deuxième, il y avait deux ans que j'avais cessé de l'être. Je borne ici mes réflexions, vous confiant sans crainte le soin de mon honneur, et m'en rapportant sans hésiter à vos lumières et à votre justice. »

Me Jules Favre. — « Nos adversaires, qui nous reprochent de les égorger, de les assassiner, veulent-ils donc épuiser mes forces? M. Lavocat a parlé de son honneur. Je réponds qu'il s'agit aussi de l'honneur et de la considération de M. de Boullenois, et je suis tranquille. »

XII. VERDICT, CONCLUSIONS, ARRÊT.

Après le résumé de M. le président, qui s'est prolongé jusqu'à onze heures et demie, le jury se retire dans la salle de ses délibérations. Il en sort à minuit et demi, rapportant un verdict que le public attend avec la plus grande impatience.

Le verdict étant affirmatif sur les deux questions qui étaient soumises au jury, M. de Boullenois est déclaré coupable de diffamation contre M. Lavocat comme simple particulier, et contre M. Lavocat comme membre du conseil municipal de Paris.

M. le procureur général requiert l'application de la loi relative à la diffamation contre un fonctionnaire public.

Me Léon Duval. — « Voici mes conclusions :

« Attendu qu'il résulte de la déclaration du jury que Charles-Ernest de Boullenois s'est rendu coupable de diffamations, rendues publiques par la voie de la presse,

» Plaise à la Cour condamner M. de Boullenois par corps à payer à M. Lavocat, à titre de réparation civile des outrages et des diffamations publiques que nous avons indiqués, la somme de 20,000 francs, qui sera consacrée a une destination de bienfaisance ;

» Ordonner la suppression des deux imprimés, et l'insertion de l'arrêt dans trois grands journaux de Paris et dans tous les journaux du département des Ardennes ;

» Condamner enfin ledit de Boullenois aux dépens. »

Me Jules Favre. — « Il faut que je reprenne des forces pour combattre ces conclusions. Quant à l'application de la peine, je n'ai autre chose à faire que de placer M. de Boullenois sous la protection des paroles de M. le procureur général.

» Quant aux réquisitions de M. Lavocat, je n'ai rien à en dire, sinon qu'il lui faut bien du courage pour venir enter une spéculation d'argent sur la défaite de son adversaire, et chercher à s'enrichir parce qu'il a obtenu du jury un verdict satisfaisant. M. Lavocat, dans la plaidoirie de son défenseur, a rappelé les exemples de MM. Broglie, Casimir Périer et le maréchal Soult, qui sont venus devant la justice du pays réclamer 25 francs de dommages-intérêts ; ils se sont ennoblis par cette modération ; ils ont prouvé qu'en France, qui est un pays d'honneur, et non d'argent, les paroles qui sont prononcées par le jury suffisent pour la réparation de l'honneur d'un citoyen, et que c'est mal comprendre cet honneur que de vouloir spéculer sur le malheur d'un homme qui vous a attaqué, et de chercher à remplir votre bourse pour réparer des outrages que l'argent n'a jamais guéris. »

Me Léon Duval. — « Je ne m'explique pas le malentendu. Il n'est pas question de s'enrichir, j'avais eu soin de dire très intelligiblement que les dommages-intérêts seraient affectés à une œuvre de bienfaisance. »

Me Jules Favre. — « C'est une singulière manière de faire de la bienfaisance, et de se créer le titre de grand aumônier de son département, que d'en demander les ressources à celui contre lequel on a obtenu une condamnation. Si M. Lavocat est touché du malheur de ses concitoyens, grâce à Dieu, la Providence lui a fait une position assez belle pour qu'il détache quelque chose de son superflu, afin de venir en aide aux misères auxquelles il compâtit. Je fais cette observation pour la dignité de la justice, et afin que nos mœurs publiques ne s'altèrent pas à ce point, que les hommes qui demandent des réparations d'honneur s'abaissent jusqu'à salir de leurs mains l'argent du pauvre. Votre arrêt doit combler la mesure de satisfaction que M. Lavocat demande, mais cette satisfaction doit être toute morale; elle doit relever de cet ordre d'idées dans lequel vous vous placez quand vous prononcez que M. de Boullenois a mérité une peine; vous ajouterez que cette peine suffira pour que M. Lavocat soit vengé. »

La Cour se retire de nouveau dans la Chambre du conseil.

Enfin, à une heure et demie du matin, la Cour rend un arrêt qui condamne M. de Boullenois, en vertu des art. 1, 13, 14, 16 et 18 de la loi du 17 mai 1819, ainsi que de la loi du 26 mai 1819, à huit jours de prison et 1,000 francs d'amende, ordonne la suppression de l'écrit condamné, dit que l'arrêt sera inséré dans deux journaux de Paris et dans un journal des départements, fixe à un an la durée de la contrainte par corps.

La Cour fixe à 2,000 francs le montant des dommages-intérêts envers M. Lavocat.

Après dix-huit heures d'audience, la salle offre encore le même aspect que le matin à l'ouverture des portes. La foule s'écoule lentement.

POURVOI PAR M. DE BOULLENOIS.

(*Cour de cassation. — Chambre criminelle. — Présidence de M. Laplagne-Barris.*)

AUDIENCE DU 3 JUIN 1847.

L'incident qui a surgi à l'audience de la Cour d'assises des Ardennes du 17 janvier 1847 dans l'affaire Boullenois, et qui a empêché d'entendre les témoins cités par le prévenu contre le plaignant, a été l'objet d'un pourvoi en cassation.

Les réflexions préliminaires placées en tête du compte-rendu des débats suffisent pour faire apprécier l'intérêt qu'à notre époque, et dans les procès du même genre à naître des luttes futures, pouvait exciter la décision de la Cour suprême.

La loi, en permettant au prévenu de faire sa preuve, l'a enserré dans des limites fixées par l'*arrêt de renvoi.*

Il ne peut prouver que les faits retenus par cet arrêt pour devenir l'objet du débat.

Cet arrêt lui-même à quel point doit-il être explicite? car, à défaut d'*articulation,* la loi le frappe de nullité.

Or, ces faits, pour y être dûment articulés, doivent-ils être reproduits d'une manière spéciale, ou bien suffit-il que les pages de l'écrit dans lesquelles ils se trouvent soient indiquées de la manière suivante : « *Lesquels imprimés contiennent depuis la page treize, c'est-à-dire depuis ces mots : « Cour d'assises de la Seine, etc.* », *jusqu'à ceux-ci compris : « Alors la conduite serait inqualifiable, etc.* », *des allégations ou imputations de nature à porter atteinte à l'honneur ou à la considération, etc.*

Telle était en effet le *premier moyen* présenté à l'appui du pourvoi par Me Martin (de Strasbourg) : « Si l'articulation du prévenu est nulle, parce qu'il ne l'a pas prise dans les faits retenus par l'arrêt de renvoi, l'arrêt de renvoi lui-même est nul, parce qu'il y manque l'articulation des faits, et cette nullité entraîne par conséquent celle de toute la procédure. »

Il suffit d'indiquer ce moyen. Le second, qui se réfère plus spécialement à des questions de faits et au pouvoir de la Cour d'assises même, demande quelques développements.

Me Martin (de Strasbourg), avocat de M. de Boullenois, les a présentés de la manière suivante :

« M. de Boullenois ne présente ce deuxième moyen que très subsidiairement, pour le cas où, contre toute attente, la Cour de cassation croirait ne pas devoir prononcer la nullité de toute la poursuite.

» Dans ce cas, en effet, et pour que l'arrêt de renvoi pût être considéré comme valable, il faudrait supposer que cet arrêt a pu se référer implicitement aux autres actes de la procédure, et il faudrait alors suppléer à ce qui manque dans cet arrêt par les articulations contradictoirement faites par les parties. Ce mode de procéder n'est peut être pas entièrement légal, mais il est du moins conforme à l'équité et à la bonne foi, et quand tout le monde, devant la Cour d'assises, feignait de l'accepter, et même de l'invoquer, il ne pouvait pas être repoussé par M. de Boullenois, pour qui le procès et la lutte ne se sont toujours présentés que comme une question d'honneur et de vérité.

» Dans l'acte signifié à M. Lavocat, le 6 janvier, M. de Boullenois avait expressément articulé : « 3° *qu'à l'occasion » du* REDRESSEMENT *et de la* CANALISATION *de la* BIÈVRE, *rivière » limitrophe d'une propriété sise à Paris, appartenant à M. » Lavocat, celui-ci, profitant de sa position de membre du con- » seil de la Seine, s'est fait allouer une valeur supérieure à celle » de la concession par lui faite.* » Or, c'est ce fait, si positivement articulé, que M. de Boullenois a été empêché de prouver, puisque M. le Président, et après lui la Cour d'assises, se sont opposés à l'audition de tous les témoins qui devaient déposer *des faits relatifs à la canalisation de la rivière de Bièvre.*

» Induit en erreur par M. Lavocat, M. le président de la Cour d'assises avait d'abord fait observer que le fait à prouver était étranger à l'articulation du sieur de Boullenois. Mais cette objection, que M. Lavocat n'a pas craint d'insérer dans ses conclusions, et qu'il a fait soutenir avec une grande hardiesse par son défenseur, se trouvait démentie par le texte de la signification du 6 janvier, mise sous les yeux de la Cour d'assises. Aussi cette objection ne se trouve-t-elle d'aucune façon reproduite dans l'arrêt incident, lequel, ainsi que nous l'avons déjà dit, se fonde uniquement sur ce que le fait à prouver ne se trouvait pas articulé dans l'arrêt de renvoi.

» Il est donc bien constant, il est même authentiquement et judiciairement prouvé que le fait avait été articulé par M. de Boullenois.

» Reste à examiner si ce fait se trouvait compris dans les imputations que M. Lavocat avait lui-même considérées et articulées comme diffamatoires. — Sur ce point encore, l'arrêt incident garde le plus complet silence, il ne dit et il ne constate pas que le fait à prouver fût étranger aux faits imputés.

» Et comment la Cour d'assises aurait-elle pu le dire, alors que, dans sa plainte, M. Lavocat avait expressément articulé que M. de Boullenois lui imputait : « d'avoir profité de sa » position de membre du conseil général de la Seine pour » s'entendre avec Hourdequin à l'effet d'obtenir *soit des* » *avantages*, soit des sommes d'argent, notamment par suite » des questions d'alignement, etc., etc.; d'avoir *sollicité* et *ob-* » *tenu* une *somme d'argent pour un terrain* de peu de valeur, » alors que Hourdequin était au bureau de la voirie; d'avoir » connivé avec l'employé Hourdequin pour faire un *bénéfice* » *illicite?* »

» Cette imputation, ainsi articulée par M. Lavocat, ne se trouvait pas sans doute exprimée en des termes aussi affirmatifs dans les écrits incriminés, puisque M. de Boullenois s'y était borné à de simples interrogations. Mais c'est M. Lavocat lui-même, c'est le ministère public en première instance, et le ministère public près la Cour royale, qui ont donné cette interprétation aux allusions et aux interrogations que M. de Boullenois s'était permises. C'est sur cette interprétation, reproduite en termes identiques ou analogues dans les divers degrés de juridiction, que M. de Boullenois s'est trouvé renvoyé devant la Cour d'assises; et c'est par conséquent sur cette interprétation, telle qu'elle a été présentée et articulée par le plaignant et par le ministère public, que M. de Boullenois était appelé à se défendre.

» Dans cette situation, sans doute, M. de Boullenois avait encore le choix de la défense; il pouvait prétendre et soutenir que cette interprétation était exagérée et inexacte; que ses allusions et ses interrogations avaient été mal comprises; qu'il n'avait jamais eu la pensée d'imputer un pareil fait à M. Lavocat; et c'est effectivement ce que M. de Boullenois aurait été heureux de dire, même devant la Cour d'assises, si M. Lavocat avait voulu ou pu donner des explications satisfaisantes sur les faits rappelés dans les écrits incriminés.

» Mais dès l'instant que M. Lavocat se refusait à toute

explication, il effaçait lui-même ce qu'il y avait eu d'hypothétique et d'alternatif dans les interrogations, et, dès ce moment, il eût été contraire au caractère et à l'honneur de M. de Boullenois de recourir à un misérable subterfuge pour désavouer ce qu'il avait annoncé devoir être vrai, dans le cas où il n'y aurait pas, de la part de M. Lavocat, des explications nettes, précises et satisfaisantes.

» M. de Boullenois n'a donc pas contesté les interprétations du plaignant et du ministère public. Il a loyalement accepté leurs articulations, dans les termes dans lesquels ces articulations se trouvaient faites, et c'est pour répondre à ces articulations, c'est pour en prouver toute la vérité, qu'il a lui-même précisé l'imputation dans l'acte signifié à M. Lavocat le 6 janvier.

» Cette articulation nouvelle, faite conformément à la loi, répond directement et complétement à l'articulation primitive de M. Lavocat; seulement cette articulation nouvelle, *précisant le fait*, mettait ainsi M. Lavocat en état de se défendre par la preuve contraire, et ce n'est certes pas dans la plus grande précision du fait imputé qu'on pourrait trouver un prétexte pour en refuser la preuve.

» Du reste, M. Lavocat ne s'y est pas trompé. Il a parfaitement compris et accepté le fait articulé par M. de Boullenois; il s'est empressé de faire signifier toute une série de pièces relatives aux travaux de REDRESSEMENT et de CANALISATION de la Bièvre; et, tandis qu'on défendait à M. de Boullenois de faire entendre les témoins qui avaient eu une connaissance personnelle de ces travaux et qui les avaient eux-mêmes exécutés ou fait exécuter, M. Lavocat et son défenseur montraient des certificats de complaisance délivrés à la préfecture de la Seine, et se plaisaient à étaler aux yeux du jury et de la Cour d'assises toutes sortes d'actes, au nombre desquels se trouvait un titre apocryphe, qui n'en avait pas moins été signifié comme la copie d'un titre authentique.

» Ces pièces signifiées, et qui font partie de la procédure

judiciaire aujourd'hui soumise à l'examen de la Cour de cassation, ne sont pas indifférentes pour la décision des questions que présente le pourvoi.

» Elles avaient évidemment été préparées et arrangées par M. Lavocat pour faire croire aux magistrats de la Cour d'assises, contrairement à toute vérité, que les travaux relatifs à la Bièvre n'avaient été faits et commencés qu'en 1842, à une époque où Hourdequin n'aurait plus été à la préfecture de la Seine ; d'où l'on tirait la conséquence que les allusions contenues dans les écrits incriminés ne pouvaient se rapporter qu'à l'élargissement de la rue Saint-Hippolyte, entrepris et exécuté dès l'année 1831.

» C'est pour cela qu'un M. Frédéric de Boullénois, attaché au cabinet de la préfecture de la Seine, délivrait, en cette qualité, une lettre, du 20 août 1846, dans laquelle ce monsieur imagine de rappeler comme un RECULEMENT l'acquisition que la ville a faite, en 1831, d'une partie de la maison de M. Lavocat ; et c'est pour cela, sans doute, que M. Lavocat attribue vaguement la date de 1842, sans indication de jour et de mois, à un acte relatif aux travaux de la Bièvre, acte dont M. le préfet de la Seine a positivement refusé de faire connaître ni la date véritable, ni l'enregistrement, ni la transcription au bureau des hypothèques. Malgré ce refus assez étrange, il ne peut plus rester aujourd'hui ni doute ni équivoque.

» Et d'abord, en fait, M. de Boullenois n'a jamais parlé des travaux de la rue Saint-Hippolyte ; il n'a même jamais nommé cette rue, ni dans son premier écrit, ni dans son second, ni dans son articulation signifiée. Dès lors, personne n'avait le droit de prétendre qu'il eût plutôt fait allusion aux travaux de la rue Saint-Hippolyte qu'à ceux de la Bièvre ; et, si même son imputation avait pu être considérée comme générale et vague, c'eût toujours été à M. de Boullenois à l'expliquer et à la préciser pour pouvoir être admis à la prouver, et c'est ce que M. de Boullenois a fait, sans équivoque, dans son acte d'articulation.

» Mais, dans le second écrit incriminé, l'imputation n'était déjà plus ni vague ni générale, car dans cet écrit il est positivement parlé du *reculement*, non d'une maison d'habitation, mais d'un *mur des ateliers de la tannerie*. Or ces ateliers sont situés sur les bords de la Bièvre; c'est sur les bords de la Bièvre que se trouvait le mur qui a été reculé; ce *reculement* n'a donc pu avoir lieu qu'à l'occasion du redressement et de la canalisation de la Bièvre; et l'état des lieux, que chacun peut examiner, constate, sans réplique, ce fait matériel, sur lequel il n'y a pu y avoir d'équivoque qu'à Mézières.

» Il n'est donc pas vrai, il est donc complètement faux que M. Boullenois ait jamais parlé ou voulu parler des travaux de la rue Saint-Hippolyte; il n'a parlé, il n'a pu parler que des travaux relatifs à la Bièvre. Or, à quelle époque ont été exécutés ces travaux ? C'est ce que pouvaient et c'est ce que devaient faire connaître les témoins. C'est ce que, jusque là, personne ne devait peut-être affirmer ou préjuger. Mais c'est précisément pour empêcher l'audition de ces témoins que M. Lavocat a fait plaider devant la Cour d'assises, et et qu'à la suite de cette plaidoirie, M. le procureur général a cru pouvoir affirmer à son tour, que les travaux de la Bièvre n'avaient été entrepris et exécutés qu'en l'année 1842, à une époque où Hourdequin avait déjà quitté la préfecture de la Seine.

» Or, et nous regrettons d'être obligé de le dire, M. le procureur général a, de la sorte, été induit dans la plus complète erreur; et, sous ce rapport encore, M. Lavocat a fait plaider ce qu'il devait savoir être complétement inexact et faux, car tous les travaux faits par l'entrepreneur Bauban ont été exécutés en l'année 1841. Ces travaux ont été commencés le 19 avril 1841, et terminés le 17 décembre 1841; c'est ce que constate le mémoire de cet entrepreneur, déposé à la Cour des comptes à l'appui du mandat n° 12,207, chap.

25, art. 40 de l'exercice de 1842. (Ce mandat est le premier du dossier de l'art. 40, liasse n° 25, compte du trésorier de la ville de Paris, gestion 1843.)

» Donc l'entrepreneur Bauban, et les autres témoins que la Cour d'assises a refusé d'entendre, se présentaient pour déposer de faits passés en 1841, et non en 1842; et c'est par un inconcevable oubli de la vérité que M. Lavocat a soutenu que les faits relatifs à la CANALISATION de la Bièvre s'étaient tous passés à une époque où Hourdequin avait déjà quitté la préfecture de la Seine.

» Hourdequin, en effet, n'a quitté les bureaux de la préfecture que le jour de son arrestation, c'est-à-dire le 31 janvier 1842. C'est ce que constate une lettre de M. le procureur-général de Paris, adressée au défenseur de M. Lavocat, le 12 janvier 1847, et signifiée à M. Boullenois, à la requête de M. Lavocat lui-même (pièce produite).

» Hourdequin se trouvait donc encore dans le plein exercice de ses fonctions à la préfecture de la Seine, en 1841, durant les mois d'avril, mai, juin, juillet, août, septembre, octobre, novembre et décembre, mois pendant lesquels se sont exécutés les travaux de la Bièvre. Il s'y trouvait surtout dans les mois d'octobre et de novembre, car c'est durant la session de novembre qu'il reçut de M. Lavocat, siégeant au conseil municipal, ces indiscrètes confidences portant : *un tel dit ceci, un tel dit cela*, et *Galis hurle*. Or, qui le sait? — c'est peut-être à la même époque, c'est peut-être le jour même où M. Lavocat avait, à l'Hôtel-de-Ville, de si coupables complaisances pour M. Hourdequin, que M. Lavocat obtenait, de son côté, des avantages plus ou moins considérables pour sa tannerie, en faisant exécuter des travaux dont la confection et le prix ne seraient pas tombés à la charge de la ville sans une réciprocité de complaisances qui ne s'est jamais démentie?

» Ne serait-ce pas aussi au mois d'octobre ou de novembre 1841 qu'aurait été construite cette fosse d'aisance, dont parle M. le préfet de la Seine dans une lettre du 9 janvier

1847 (lettre produite), et dont la ville avait, pendant cinq ans, refusé de payer le prix ?

» Les témoins auraient peut-être fait connaître si déjà, avant les travaux de la Bièvre, il existait réellement une fosse, comme M. le préfet de la Seine a la bonté de le croire en 1847 ; ou si, au contraire, M. Lavocat n'a pas profité de ces travaux pour faire établir, par ses ordres particuliers et pour son avantage personnel, une fosse voûtée à la place d'un mauvais tonneau mobile, dont depuis long-temps se plaignaient ses locataires.

» Tous ces faits, il ne faut pas l'oublier, présentaient pour M. Lavocat une question de délicatesse et de probité, se rattachant directement à la manière dont il avait usé ou abusé de l'influence que lui donnaient ses fonctions de conseiller municipal ; et, dès que ces faits se trouvaient compris dans l'articulation signifiée par M. de Boullenois, leur preuve ne pouvait pas être refusée sans une violation manifeste des articles 20 et 21 de la loi du 26 mais 1819.

» Nous ne contestons pas aux magistrats de la Cour d'assises le droit et souvent le devoir d'intervenir dans le débat porté devant le jury, soit pour diriger ce débat et la preuve à laquelle les parties sont admises, soit pour décider les conflits incidemment élevés, soit même pour interdire les preuves expressément prohibées par la loi.

» Mais les prohibitions de la loi ne portent que sur les faits de la vie privée ; et quand il s'agit d'un fait de la vie publique d'un fonctionnaire, quand le plaignant et le prévenu demandent tous deux que les témoins soient entendus, et quand surtout il s'agit d'un acte de malversation à l'occasion de travaux publics et de deniers communaux, il ne faut pas que l'on puisse dire que la magistrature est d'office intervenue pour étouffer la vérité.

» La Cour d'assises est tombée dans une grande erreur en considérant la preuve de tels faits comme défendue par l'art. 33, qui porte que « *le prévenu ne sera pas admis à faire* » *entendre des témoins contre la moralité du plaignant.* »

» Ce que le législateur appelle la moralité du plaignant est ce qui tient à son caractère personnel, à ses habitudes, à l'ensemble et aux actes intimes de sa vie privée ; et c'est là une preuve et un avantage que le plaignant est autorisé à invoquer, sans que le prévenu et nul autre puissent offrir une preuve contraire. Mais dès qu'il s'agit des actes de la vie publique d'un fonctionnaire, des bénéfices illicites qu'il a pu retirer de sa qualité et de ses fonctions, la loi du 15 mai 1819 ne met aucun obstacle à l'admission de la preuve, quand d'ailleurs les faits ont été articulés dans le délai et dans la forme prescrits par l'art. 21.

« De tels faits ne sont étrangers aux points à juger que lorsqu'ils n'ont pas été articulés par les parties, car tout ce qui a été articulé constitue précisément un point à vérifier, un point à faire apprécier et à faire juger par le jury ; et c'est seulement par la preuve, c'est par l'audition des témoins appelés à déposer, que le jury peut être mis en état de se prononcer sur les points que les parties ont respectivement articulés.

» M. de Boullenois a le droit de s'étonner et peut-être le droit de se plaindre de ce que l'arrêt incident de la Cour d'assises porte qu'il aurait lui-même avoué « *que les témoins produits n'avaient connaissance que de faits autres que ceux retenus en l'arrêt de renvoi* », car M. de Boullenois n'a rien ajouté aux conclusions qu'il a prises (1), et qui se trouvent jointes aux pièces de la procédure ; et la Cour d'assises a bien mal compris le sens et les termes de ces conclusions si elle a cru pouvoir y trouver aucun aveu quelconque.

» Cet aveu et sa mention sont d'ailleurs parfaitement insignifiants, en présence d'un arrêt de renvoi qui ne relate, qui n'articule et qui ne retient par conséquent aucun des faits diffamatoires à raison desquels M. Lavocat avait porté plainte ; et c'est précisément parce que les faits diffamatoires, c'est-à-dire les faits à prouver, ne se trouvaient pas articulés dans l'arrêt de renvoi, que cet arrêt ne pouvait servir de règle ni pour la poursuite ni pour la preuve.

(1) Voir ces conclusions page 13.

» En résumé, M. de Boullenois a été poursuivi en vertu d'un arrêt de renvoi tellement irrégulier que la loi le déclare nul. Or, un acte irrégulier et nul ne peut pas servir de base à une procédure devant la Cour d'assises, et un acte irrégulier et nul ne peut surtout pas être opposé aux droits de la défense.

» Sous l'un et l'autre rapport, la Cour d'assises des Ardennes a violé les principes généraux du droit et le texte de la loi du 26 mai 1819, et la Cour suprême n'hésitera pas à casser une décision qui a empêché la preuve d'un fait dont la vérification intéressait tout à la fois la morale publique, l'honneur du plaignant et l'honneur du prévenu. »

M. l'avocat général Nougier conclut au rejet du pourvoi.

Sur le premier moyen : — LA COUR déclare que l'indication, dans l'arrêt de renvoi, des passages incriminés, en mentionnant la page où ils commençaient et celle où ils finissaient, satisfait au vœu de la loi.

» *Sur le second moyen* : — Attendu en fait que des déclarations du premier des témoins que la Cour d'assises a refusé d'entendre, ainsi que des conclusions prises par le demandeur pour requérir l'audition de ces témoins, il résulte qu'ils n'avaient à déposer que des faits relatifs à la canalisation de la Bièvre;

» Que dans aucun des passages incriminés il n'est *énoncé* que les faits imputés se rapportent à cette opération;

» *Que la question de savoir s'ils y rentraient réellement est une question de fait;*

» Qu'elle a été résolue négativement par la Cour d'assises, dont la décision sur ce point ne tombe pas sous la censure de la Cour de cassation;

» Qu'en cet état, le refus d'entendre les témoins ne saurait être considéré comme une violation des art. 20 et 21 de la loi du 26 mai 1819. — LA COUR rejette. »

(M. le conseiller Vincens-Saint-Laurent, rapporteur.)

www.ingramcontent.com/pod-product-compliance
Ingram Content Group UK Ltd.
Pitfield, Milton Keynes, MK11 3LW, UK
UKHW021043230726
13926UKWH00004B/1628

9 782014 061987